全能学习法

用世界标准学习法培养真正聪明的中小学生

本当に頭のいい子を育てる 世界標準の勉強法

〔日〕茂木健一郎 著

中国青年出版社
CHINA YOUTH PRESS
中青文传媒

图书在版编目（CIP）数据

全能学习法：用世界标准学习法培养真正聪明的中小学生 /（日）茂木健一郎著；黄悦生译.
—北京：中国青年出版社，2021.7
ISBN 978-7-5153-6411-7
Ⅰ.①全… Ⅱ.①茂… ②黄… Ⅲ.①中小学生－学习方法 Ⅳ.①G632.46
中国版本图书馆 CIP 数据核字（2021）第106248号

全能学习法：
用世界标准学习法培养真正聪明的中小学生

作　　者：〔日〕茂木健一郎
译　　者：黄悦生
策划编辑：刘　吉
责任编辑：肖　佳
美术编辑：张　艳
出　　版：中国青年出版社
发　　行：北京中青文文化传媒有限公司
电　　话：010-65511270 / 65516873
公司网址：www.cyb.com.cn
购书网址：zqwts.tmall.com
印　　刷：大厂回族自治县益利印刷有限公司
版　　次：2021年7月第1版
印　　次：2021年7月第1次印刷
开　　本：880 × 1230　　1 / 32
字　　数：120千字
印　　张：6
京权图字：01-2019-5561
书　　号：ISBN 9787515364117
定　　价：39.90元

前言

“聪明”的标准开始发生变化

从2020年开始，日本即将废除“中心考试”[①]，而开始实施“大学入学共通考试”。原来的“中心考试”更注重考查“记忆力和知识量”；而新实施的考试，除了考查“记忆力和知识量”之外，还要考查“思考力、判断力、表现力”。

“记忆力和知识量”方面，只需运用原有的应试技巧就能对付；然而，“思考力、判断力、表现力”却取决于“地头力”[②]——

① 中心考试：日本的全国统一高考。

② 地头力：因2009年出版的《锻炼“地头力”》（细功川著）一书而流行于日本社会。

所谓“地头力”，即不受现有知识的束缚，运用自己头脑进行思考，以及运用自己的方法探究问题的能力。简而言之，就是孩子们能够自己思考，能够通过自己的判断采取行动，能够把自己的想法传达给对方。

为什么要进行这样的考试改革呢？因为AI（人工智能）技术兴起的时代已经到来。如今，世界上的一大半知识只需用互联网检索就能迅速查找到，已经没必要再死记硬背。也就是说，**注重学历和偏差值的老一套的教育方式已经行不通了。**

在这个时代，公务员也将被AI取代

AI最擅长的，是利用大数据进行学习，然后找到合适的答案。因此，在原有的领域里（储存有大量案例或信息的领域里），我们是无法与AI匹敌的。牛津大学的卡尔·弗瑞和迈克尔·奥斯本在《就业的未来》这份研究报告中指出：在不久的将来，秘书、一般事务、会计师、律师助理、政府机关的公务员、银行的融资业务员、收银员、接待员等职业都会被AI取代。

看到政府机关的公务员也在其中时，或许有人会感到惊讶。其实，这份工作是很适合AI的——因为机器能够严格遵守规定的流程，既能防止养老金相关机构泄露个人信息，又不会胡乱建造没用的建筑物，还能杜绝贪污和腐败。

美国政府经济顾问委员会（CEA）主席杰森·福尔曼预测说："随着人工智能的出现，时薪低于20美元的工作有83%将受到AI的冲击。"在即将到来的这个时代，有很多工作可以由AI或机器人完成，再用人工就显得有些多余。

世界发生了翻天覆地的变化，社会上也出现了许多前所未有的问题。在这样的现状下，日本原有的教育已经落后于时代。从"世界大学排名"就可见一斑。

根据英国高等教育专业期刊《泰晤士高等教育》（*Times Higher Education*）公布的2019年世界大学排名，第1位是牛津大学，第2位是剑桥大学——这两所大学都是英国的。排名前10位的大学，美国有7所，英国有3所。日本只有两所大学进入了前100位——东京大学第42位，京都大学第65位。日本名列G7（西方七国首脑会议）成员，GDP也高居世界第三，可是论大学排名，却只有两所大学跻身前100位，实在是太寒碜了。

如果仍然按照以往的学习方法，将来肯定会被AI淘汰。既然如此，我们人类就需要在AI不擅长的领域充分发挥才能——开发具有发展前景的新领域，实现前人从未尝试过的新点子。

因此，“思考力、判断力、表现力”就变得越来越重要了。这些能力都取决于“地头力”。**而着眼于培养这种“地头力”的，正是当今这个教育改革时期备受瞩目的“探究式学习”。**

当今备受瞩目的学习方法

所谓“探究式学习”，一般被定义为“主动学习”“培养导出答案的能力的学习法”。借用京都市立堀川高中现任校长谷内秀一先生的说法，就是“对于没有答案的问题，推导出自己认为正确的答案的学习过程”。（这所高中设立“探究科”之后，考上京都大学等国立或公立大学的学生人数竟然增加了18倍。）

对于自己设定的课题，进行假设并收集信息，主动寻找答案。探究式学习的答案并不是唯一的。不限定答案，而是探索各种可能性，并推导出结论——这个过程本身就是在学习。

东京大学只有10%的学生具有真正的思考力

至于探究式学习的课题，既可以是社会问题，也可以是和自己兴趣爱好相关的题目。不过，如果是孩子们喜欢的、热衷的内容，大脑奖励机制就会分泌出多巴胺这种神经传导物质，开始形成“多巴胺良性循环”——因为喜欢而探究，获得新知识后觉得快乐，又再继续探究……在这样的反复过程中，大脑性能逐渐提高，从而变得真正聪明起来。

作为父母来说，也许有时会怀疑：“热衷于探究这样的问题，究竟有什么作用呢？”但如果孩子专注于其中，父母就应该全力支持。如果父母不支持的话，孩子只能停留在“浅尝辄止”的程度然后半途而废，无法更进一步地深入探究。无法深入探究的话，就不能培养“思考力、判断力、表现力”。

而这种“自己发现想学的东西并用心钻研”的能力，正是AI不具备的人类的可贵之处，是当今时代所必需的能力。

然而，有的父母却完全无视孩子的兴趣，只是一心想着要让孩子上名牌大学。但请好好想一想——如果孩子毫无热情地上大学，那是否有意义呢？

各位读者，当你们的孩子长大成人时，社会上的很多工作肯定已经被AI取代了。原有的偏差值教育强调“死记硬背”“不出差错地重复同一行为”，而这种能力显然是AI最擅长的。所以，如果只注重应试学习的话，将来的前途恐怕不容乐观。由此看来，以考上东京大学为终极目标的教育方式，在社会上终究是行不通的。

当然，考上了东京大学之后，在学校里的学习内容确实是一流的。然而，在以AI为代表的世界先进企业的动向和研究方面，以及由此产生的新知识的探索方面，东京大学还有很多问题尚待解决。而教师和学生们却都浑然不觉，安坐于“国内第一大学”的宝座。

按我的实际感受来说，被公认为全日本最“聪明”的东京大学学生里头，只有10%具备了“真正的思考力”。学生们很擅长考查知识的应试学习，但能够自己提出问题并进行思考的学生却少得可怕。

在今后的时代，我们要做的是AI无法胜任的工作。因此，新时代所需要的素质，是能够想出全新创意的思考力，以及将其付诸实践的判断力、富有独创性的表现力——换言之，就是需要有创造力。

由此看来，父母能给予孩子的最佳教育，难道不是让孩子深入研究他所喜欢的事物吗？

在欧美，自己寻找课题并进行探究的学习法是理所当然的

只要具有“地头力”，就能够自己主动思考人生，培养自己思考和实践的能力、在工作中与各种人进行沟通合作的能力、对各种问题提出疑问并进行探究的能力。长大成人之后，也能运用这些能力，在日新月异的社会中取得成功。

以美国的AI开发为例，他们并不是由国家牵头做项目，也不是以知名大学或企业为主体进行研究开发，而是几个没有名气的民间人士合作开展小规模的AI开发项目，然后谷歌等大公司再收购他们的研究成果。

因此，在美国形成了“下克上”的社会——无论你毕业于哪所大学，无论你是否就职于国家机构或大公司，只要你拥有知识和创造力，就能从事推动社会发展的项目。其基础正是来自教育。**在欧美，孩子们从小就自己寻找课题并进行探究。**所以，能够从容应对日新月异的社会。

而在日本，老一套的观念仍然大行其道：只要孩子能读“初高中一贯制”[①]的好学校，考上名牌大学，然后进入大公司上班，就能过上安稳的生活。所以，应试学习的意识也根深蒂固。

然而，正如我反复强调的那样，**在日新月异的当今社会，传统的教育方式已经行不通了。**而且，日本的人口正不断减少，劳动人口也将变得越来越少。这就意味着，为了提高每个人的劳动效率，就不能仅仅停留在按指示办事，而要开展更富于创造性的工作。否则，国家就会逐渐衰退，无法向前发展。一旦国家开始衰退，那么无论是在经济方面还是精神方面，个人又怎么能实现美好的人生呢？

① 日本初高中一贯制教育，是在现行中等教育三三分段的基础上所增设的一种教育形式——没有高中入学考试及学习成绩测验，通过简单的入学选拔，对入学者进行初中和高中连续性的六年一贯的教育。

史上最强的“全能学习法”

前文我说到，日本的教育已经落后于时代。不过，也开始慢慢出现了一些变化。在教育第一线，文部科学省明确表示，要把探究式学习的思路导入教学指导大纲以及高考中（据说会增加记述式题型），而且也开始采取相应的对策。

我在这本书中倡导的“全能学习法”，既符合逐渐推广的探究式学习时代趋势，同时也兼顾到原有的应试对策——虽说应试教育已经落后于时代，但在日本社会中仍然很受重视。

首先第一阶段，是训练“地头力”，掌握探究式学习的方法，以便将来能成为具有创造力的独特人才或国际化人才。第二阶段，我再讲述如何在通过探究式学习养成“地头力”的基础上进行应试学习。话说回来，只要掌握了第一阶段的探究式学习，第二阶段的应试学习就能变得游刃有余。

因为，考试所考查的只是基础知识，而并非让你写出天才式的小说，也并非让你做出划时代的发明创造。就好比百米短跑测试，只需跑到12秒左右即可，而不要求跑进10秒以内。也就是说，只要具有第一阶段培养成的思考力，就能够轻松应付考试。

如果沿用以应试技巧为唯一目标的学习法，即便能考上大学，但上限也就到此为止了。相反，**如果运用这种“全能学习法”，即使走上社会以后也能崭露头角，成为具有创造力的独特人才或国际化人才。**也就是说，既能培养“地头力”，又能兼顾应试，这正是“全能学习法”的意义所在。

在这本书里，我会根据一些学校的成功经验，向父母们介绍简单易行的、独特的学习法。这些学校贯彻了探究式学习等先进的教育理念，每年都有很多学生考上名牌大学。

如果完全抛开应试学习，一味地强调“训练‘地头力’”“探究式学习很重要”“独自思考的能力很重要”……有的读者难免会不知所措。对于这些读者来说，本书也许能够成为新的学习法的入门书。当然，本书也适用于想训练“地头力”以改善工作的成年读者。

我衷心希望，大家能从本书受到启发，训练出能帮助自己适应任何时代的“地头力”。

目录

第 **1** 章

大脑喜欢的终极学习法——“探究”

1

运用过探究式学习的孩子，能提高考试成绩

日本这种考查“记忆力和知识量”、重视偏差值的教育方式，确实已经落后于时代了。然而，令人忧心如焚的是，目前探究式学习的成果还无法通过考试进行评价。或许那一天终究会到来，但眼下尚处于过渡期，仍然需要考查“记忆力和知识量”。

既然是过渡期，就意味着探究式学习和应试学习要两手抓。你可能会觉得这太难了。其实，运用过探究式学习的孩子，自然能提高考试成绩。

京都的一所公立高中——堀川高中有力地证明了这一点。

2002年，堀川高中有106名应届生考上国立大学和公立大学，比上年度的6人大幅增长。其中有6人考上了京都大学。这件事被称为“堀川奇迹”，被新闻媒体多次报道。

堀川高中考上国立大学和公立大学的应届生人数增长了18倍之多，这是如何做到的呢？

1999年4月，堀川高中的教职员工们推行教育改革，设立了“探究科”。探究科导入了能吸引学生兴趣和关注的探究式学习法，以期实现在快乐中学习的宗旨。结果，在探究科首批学生毕业的2002年，该校考上国立大学和公立大学的应届生人数竟然跃增至上年度的18倍。据说，该校现在每年考上京都大学或东京大学的人数达到了50 ~ 70人（包括普通科和探究科、应届生和复读生）。堀川高中的高考成绩突飞猛进，显然是探究式学习的成果。

以前，我曾经在电视节目上与时任堀川高中校长的荒濑克己先生有过交流。这次，我去到堀川高中进行实地采访，向正在实行探究式学习的高二学生询问：“探究式学习会对应试产生什么影响？”

一名男生这样回答：“因为是探究自己喜欢的事物，所以既能培养主动性，又能获得很多探究课题方面的知识，感觉很快乐。我想，可以把这种积极性和主动性运用到应试学习中去，在明年高考取得好成绩。”

一位女生回答说：“自从开始探究式学习以来，学习方法改变了。以前只会通过看课本吸收知识，现在如果碰到不懂的问题，会先去查资料，进行深入探究。这样一来，应试学习也不再是死记硬背的、枯燥无味的知识，学起来也变得有趣多了。”

结果显示，堀川高中的大多数学生，通过探究式学习法，能够轻松快乐地进行应试学习了。

除了堀川高中以外，还有很多别的事例可以证明“运用探究式学习的孩子比其他孩子的学习成绩更好”。

例如，解剖学家养老孟司先生等多位研究者，小时候都有过醉心于采集昆虫之类的探究式经历。研究人员中，昆虫爱好者的比例非常高。

那么，为什么和入学考试科目没有直接关系的探究经历的积累，能提高学习成绩呢？这是因为，探究式学习的多少与孩子的聪明程度密切相关。

外号“堀江A梦”的堀江贵文[①]先生是个很好的例子。据堀江先生自己说，他在久留米大学附属高中二年级时的期末成绩是全班倒数第五名。他说，自己从初二到高二，几乎所有时间都花在了游戏和程序设计上，沉迷于探究之中。然后，直到升上高三时，才突然产生了“想考东京大学”的念头，于是这一年就专心致志地进行复习备考，结果顺利地考上了东京大学。

我认为，堀江先生之所以备考复习了一年就能考上东京大学，是因为之前的探究式学习已经养成了“地头力”，能够轻易吸收各门考试科目的知识。

也就是说，**“探究”这种行为可以培养大脑的基础能力。**

所谓探究式学习，就是要找出尚未被研究过的事物

前几天，我和一位东京大学大一学生交谈时感觉到：和我们当年在校时相比，东京大学也开始出现了很多积极的变化。

---

① 堀江贵文（1972～）：日本知名门户网站Livedoor（活力门）的前总经理。因长相酷似哆啦A梦而被戏称为“堀江A梦”。

听说，在某门必修课的课堂上，老师会让学生阅读各种英语论文，找出“世界上尚未被研究过的事物”，对其展开调查，并用英语写成论文。这是必修课，所有理科的大一新生都要做。

探寻“世界上尚未被研究过的事物”，其实就是一种探究式学习。

许多大学生似乎对入学伊始就要完成“阅读英语论文”和“找出尚未被研究过的事物”这样的课题而感到困惑。这大概是因为，对大多数学生来说，“阅读英语论文”和“探究式学习”都是头一回吧。

在我看来，阅读英语论文也许有点难度，但探究式学习却是从小学时就能做的，所以我建议越早开始越好。当然，从小学就开始看英文书也未尝不可。

而且，探究式学习还与实际工作类似。比如说有这么个课题：假设你当上了编辑，要策划一本书。那么，首先需要收集各方面的信息，并进行思考：现在什么样的书最畅销？有哪些书与自己想策划的书相类似？要想做出畅销书的话，请哪位作家执笔最好？有没有能填补书业空白的策划方案？……像这样，从小时候就开始尝试大人在实际工作中做的项目，也属于探究式学习。

举一个我自己的例子吧。前不久，我花5000日元喝了一杯“猫屎咖啡”——一种非常稀有的世界最高级的咖啡。就我至今为止喝过的咖啡来说，这种咖啡的味道最独特、最好喝。

从那之后，我对咖啡的兴趣越来越浓，研究了咖啡豆的种类和烹制方法等等，有了不少新发现。例如，猫屎咖啡是从麝香猫粪便中提取出未消化的咖啡豆。——把成熟的咖啡果作为饲料给麝香猫吃，然后种子部分不会被消化，而是作为粪便排泄出来。提取粪便并清洗干净后，就得到了猫屎咖啡。

有一点很关键的是，如果只是查阅关于咖啡的知识，那就和“查询式学习”（通过图书馆或网络、问话等方法获取信息）没什么两样。而真正的“探究式学习”，应该是在通过查询加深知识的过程中，产生新的疑问，不断地接近课题的本质。

对麝香猫的咖啡豆进一步研究之后，你就会知道，世界上还有从大象粪便中提取出的咖啡豆。于是，新的疑问产生了：“如果给麝香猫和大象以外的动物喂食咖啡豆会怎样呢？”“如何制作出更加美味的咖啡豆呢？”……从而更进一步地进行探究。

像这样，对自己感兴趣的事物进行不断研究的过程中，就会发现一些有趣的新视角，并可能由此找到前所未有的新课题。

美国既没有入学考试，也没有偏差值

事实上，在美国从小学就开始实行课题式学习（计划·策划），即日本所说的探究式学习。课题导入了跨越语文、数学、理科、社会、图画手工等学科的要素，考查学生的综合能力。孩子们要花费几周的时间完成某个课题。

在日本，有些高中实行的探究式学习会让学生自己选择感兴趣的课题，但小学生的课题依然是由老师分配。举一个实际有过的课题为例，该课题是关于发现了美洲大陆的15 ~ 16世纪的探险家，每个学生各自选择一位探险家写研究报告。

报告里包括这些内容：探险家的成长经历、探险目的、探险时遇到的问题和困难、探险给世界带来的影响、自己觉得有趣的史实、参考文献一览等。而且还要制作年表和探险家棋盘游戏。在提交报告的当天，学生进行演示，然后和大家一起玩自己制作的棋盘游戏。像这样，通过完成课题，学生们能够深入了解各位探险家。

1951年，塞林格的小说《麦田里的守望者》（*The Catcher in the Rye*）在美国出版。这本书在日本也有广泛的读者，大家应该都听说过吧。我思考探究式学习时，想起了小说里的某个情节。

故事的主人公是16岁高中生霍尔顿·考尔菲德，他的学习成绩很差。圣诞假期前，名校潘西预科学校对他宣布了退学处分。在这样的处境下，他回到自己宿舍时，刚好室友请他代写作文——这是学校布置的课题。

霍尔顿的其他各科目都不行，唯独作文写得好。学校布置的课题是这样的：把身边的事物尽可能具体地写成作文，写什么都可以。霍尔顿详细地描写了死于白血病的弟弟戴过的一个棒球手套。弟弟用绿色墨水在那手套上写满了诗句，以便在外场守卫时可以作为消遣而随时诵读。

后来，这个写作文的课题被直接当作英语课的成绩。

从《麦田里的守望者》里的这个情节可知，美国很早就开始实行课题式学习了。

教育方式既然不一样，入学考试的方法当然也不同。

美国大学的入学考试，没有像日本高考这样的全国统考，也没有所谓的偏差值。而且，各所大学和院系也不举行入学考试。他们不像日本这样仅凭一次考试决定是否录取，而是通过材料审查和面试，从各个方面对每一位申请人进行综合评价，然后再决定是否录取。

材料审查均衡地考虑在校成绩、作文、推荐信、课外活动、测验这五个要素。有的科目会把课题完成情况作为成绩，也就是说会考虑学生自己做过哪些探究。至于作文、推荐信、课外活动这几项，则可以让学校了解到申请人的经验、价值观、积极性等个性，而这些仅凭成绩和测验分数是看不出来的。

另外，美国虽然没有像日本高考这样的统一入学考试，但有由民间企业或团体举办的全国统一测试，例如最有代表性的是SAT和ACT。

不过，这些测试的分数并不是特别重要，而只是和在校成绩、作文、推荐信、课外活动、面试等并列的综合评价要素之一。总之，并不是说测试分数高就一定能录取、分数低就不能录取。

至于最后的面试，在美国，特立独行的人才容易得到认可，因此面试官会关注申请人的个性，重视对方的特长。

怎么样，这和日本的入学考试大不相同吧？

仅凭探究式学习成果就能进入重点大学的时代即将来临

在日本的入学考试制度下，无论你取得多么出色的探究式学习成果，只要考试成绩不好，都不会被录取。相反，美国的入学考试则与探究式学习直接挂钩。

美国天才少年杰克·托马斯·安佐卡，15岁时发明了能发现早期胰脏癌、卵巢癌、肺癌的检测方法。出生于1997年的杰克，利用碳纳米管和作为肿瘤标记的间皮素来研究癌症的早期检测，并以此研究获得了2012年英特尔国际科学与工程大奖赛（ISEF）的戈登·E.摩尔奖，轰动一时。

杰克开始探究早期癌症检测方法的契机，是一位亲如叔叔的熟人患胰脏癌去世。从那时起，他就意识到当时的癌症检测方法的问题点，于是开始上网搜集科学论文和数据，研究新的检测方法。

因为在自己家中无法做验证实验，所以杰克发了大约两百封邮件给各地的大学研究室——特别是胰脏癌的研究人员，并附上自己的实验计划和理论。但他的请求几乎全都被回绝了，只有约翰·霍普金斯大学答应了他的请求，向他提供帮助。之后，他花费约7个月的时间进行研究，取得了这一举世瞩目的成果。

现在，杰克已经成了斯坦福大学的学子。这大概是因为他的研究得到认可的缘故吧。

在日本，“笔试”的传统根深蒂固。所以，即便像杰克这样取得巨大成果的人，也很难因此而被大学录取。尽管有部分大学已经开始进行“AO入学考试”[①]、“推荐入学考试”等尝试，但大多数大学仍然会设置一道“笔试”的关卡。

不过，**承认“15岁发明癌症检测方法比考上大学更有价值”的时代已经来临**。在不久的将来，探究式学习的成果一定会得到认可，并成为进入重点大学的敲门砖。

---

① AO入学考试：AO是admission office（入学考试办公室）的缩略。由入学考试办公室根据考生的自我推荐、资料审查、面试等进行选拔的入学考试方式。

探究能促使大脑进入“心流”状态——谷歌集团的尝试

谷歌集团北美总部实行了各种尝试，以促使员工们持续专注于工作，发挥出最佳的效能。

其中一项尝试，正是“探究”行为。事实上，我们已经知道，深入探究能促使大脑进入所谓的“心流”（flow）状态，达到忘我境界。一般状态下的大脑和进行探究后的大脑截然不同。

怎么个不同法呢？——就是**通过探究，持续专注于课题或工作之中，使大脑能够发挥出最佳效能。**

我先对“心流”稍作些详细说明吧。所谓“心流”，是心理学家米哈里·契克森米哈提出来的“注意力高度集中的精神状态”。在这种状态下，“注意力虽然集中，但心情放松，能够发挥出最佳效能”。在心流理论中，发挥出最佳效能并不等同于提高成绩或获得奖牌，并不把行为视为手段，而把行为本身视为目的。心流也被称为“ZONE”。

达到心流状态或者说ZONE状态时，大脑内的多巴胺、5-羟色胺等各种神经递质会被激活，使人获得快感，由此产生高度专注力，能够发挥出最佳效能。

再说几句题外话。谷歌集团非常重视这种“心流”状态，还体现在他们经常鼓励员工们参加“火人节”活动。所谓“火人节”，是一年一度在美国西北部内华达州黑石沙漠举办的节日，活动为期一周。据说谷歌集团的创始人拉里·佩奇和谢尔盖·布林每年都会参加这一活动。会场设在沙漠里，是总面积约4.5平方公里的广阔城区及其周边区域。这里不提供水电、电话、煤气、电视、广播、手机等相关服务。因此，参加者必须自己带水、食物、帐篷等，并与其他人互相协助，在沙漠里度过一周的时间。

其间，这里会不分昼夜地展示各种惊心动魄的场景、震耳欲聋的音乐以及装置艺术，使整个会场处于混乱无序之中。

这种活动体验的重要之处，在于它能使大脑进入“心流”状态。身处不同于日常生活的条件下，要使用现有的物品设法度过一周。从某种意义上来说，探究是不可或缺的。

参加火人节确实是十分震撼的体验，但毕竟只是一年一次的活动。而谷歌为了让员工们平时也能处于心流状态，还会向员工们的探究行为提供帮助。

耕耘好奇心，就会产生探究心

要开始探究式学习之际，具体来说应该先做什么呢？

当然，是要先找到探究课题。

不过这并非什么难事，只需以自己的兴趣或好奇心为切入点即可。

那么，从脑科学的角度来看，这个好奇心是如何产生的呢？好奇心也是一种“情感”，因此好奇心的产生过程可以用“评价理论”（appraisal theory）来解释。

情感是如何产生的，其实可以从大脑的功能进行说明。大家一般都会以为，是先产生某种情感，然后再对其进行评价。以恋爱为例，是先产生“喜欢”的情感，然后在与对方交往过程中作出评价：“原来他（她）是这样一个人啊。”由此而渐变冷淡或变得更加热切。

然而，根据与情感相关的评价理论，结论却恰恰相反——对来自外界的刺激进行认知上的处理，结果才产生了情感。

比如说，为了欣赏莫扎特的音乐并产生“美妙”的情感，必

关于好奇心（情感）的评价理论

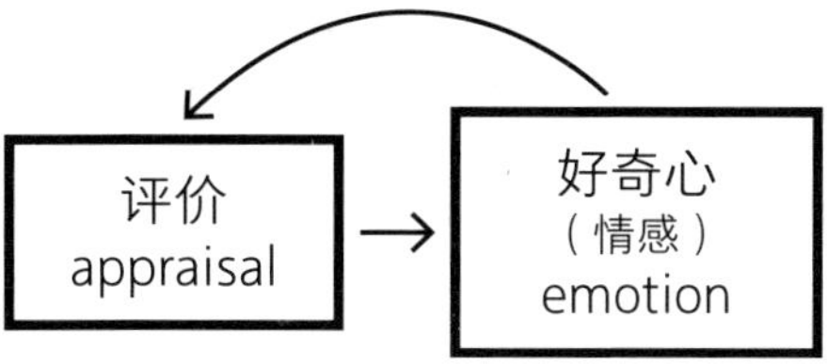

对来自外界的刺激进行认知上的处理，
结果会产生情感（好奇心）

须经过一定程度的学习和积累经验。否则，就无法产生美妙的情感。

这种学习和积累不仅限于听莫扎特，还包括多听古典音乐，多了解古典派音乐和莫扎特的生平经历等。一旦形成某种程度的“知识架构”，就会产生好奇心：“莫扎特创作的歌剧《费加罗的婚礼》是一部什么样的作品呢？”

“多巴胺的上游”的训练方法

好奇心的产生，会促使大脑内释放多巴胺。不过，要达到释放多巴胺之前的阶段——“多巴胺的上游”阶段，必须先建立“知识架构”，自己对其进行评价。

我经常会使用“趣味阈值”这种说法——它表示刺激量达到“让自己觉得有趣”的临界点。例如，一开始学习古典文学的时候，觉得《源氏物语》读起来没意思。不过，如果继续耐心地学下去的话，终会遇到感悟古典文学趣味的瞬间。这就是“趣味阈值”。

通过学习来锻炼“多巴胺的上游”，促进多巴胺的循环

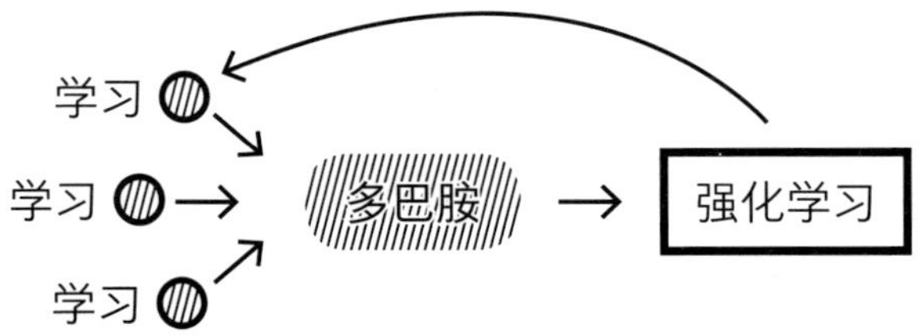

通过学习来达到“趣味阈值”，就会释放出多巴胺

也就是说，只要建立“知识架构”、不断地坚持训练“评价”和“多巴胺的上游”，就会达到趣味阈值。当然，要想达到趣味阈

值，忍耐的过程也是必不可少的。

以我自己为例。以前我对汉字完全不感兴趣，但有一次，我拜读了汉字学家白川静先生关于汉字发展历史的著作后，突然觉得：“汉字其实是博大精深、非常有趣的。”例如，“货”和“财”这两个汉字里都含有“贝”字，因为古代中国曾用贝壳作为货币，所以和金钱有关的汉字都含有“贝”字。当明白这一点后，我顿时为汉字的趣味性感到兴奋不已。这就是“趣味阈值”。

综上所述，为了释放出能产生好奇心的多巴胺，需要训练自己的评价能力。所以，多接触各种事物、多学习、多积累经验是很重要的。**耕耘好奇心，就会产生探究心。**

所谓好奇心，是指意识到世界上有各种各样的看待事物的方法。而这正是探究的第一步。

开拓了优衣库等品牌的迅销集团CEO柳井正先生幼年时期的一段经历，也能告诉我们耕耘好奇心的重要性。柳井先生是早稻田大学毕业的，但他却说：“我在学校里没怎么认真学习。不过，我家里是开男士服装店的，经常有大人出入，所以我从小就有机会接触到大人的世界，接触到外面的世界。如果只是待在学校这个单一的环境里、只是和同龄人接触的话，就会有很多东西都看不到了。平日里接触到大人们的谈话，并对那些内容产生兴趣——我觉得这对我产生了很大的影响。”（《哈佛商业评论》2018年12月）

尽早让孩子接触网络

我觉得，目前日本正式导入了探究式学习的学校非常少。在这样的状况下，大多数想要进行探究式学习的读者只能自己尝试，或者在各自家里进行尝试。我想，肯定有人心里会犯嘀咕：孩子是否有能力独自探究，或和同伴们一起探究呢？

其实，现在已经是网络时代。借助网络，能查到几乎所有的知识。反过来说，要进行探究式学习，网络是必不可少的。不过，听说很多父母都担心孩子上网会遇到诈骗或浏览暴力图片。

网络确实存在危险。但只要采取“设置儿童模式”之类的保护措施，就能防止上述情况发生。因为害怕风险而让孩子远离网络的做法是行不通的。如今这个时代，最先进的信息都在网上。

既然如此，不尽早让孩子接触网络的话，岂不是错失了最好的成长空间吗？

过去，城市里才有图书馆、博物馆、美术馆等可供查询的设施，对于农村的孩子来说，信息量不足成了探究式学习的障碍。但现在有网络了，农村和城市的差距也在逐渐消除。

当然，尽管有了网络，没用在正途上也不行。如果只是用来看娱乐报道或网络电视，只是做一个单纯的消费者，那又谈何探究？

娱乐报道也不是不能看，但要把它当作探究的素材来看。——比如说：现在什么样的艺人是最受欢迎的？艺人经纪公司和业界的体系是如何运作的？艺人时不时地自爆隐私有何用意？其他国家的演艺圈情况又是怎样的？……作为父母，不妨有意无意地向孩子提出这些问题。

帮助孩子，使孩子能够怀着好奇心去寻找探究的素材——这是父母的职责所在。

能否做到探究式学习

有的孩子不需别人提醒，自己会主动找到课题进行探究；而有的孩子却做不到这一点。他们之间的区别在哪里呢？

例如，有的孩子听到老师说“想提高英语水平就要多读英文原著”时，就马上会问“有什么值得推荐的书吗？”或者“读英文书时要不要一边查词典呢？”之类的问题。这样的孩子，可以说还没有形成探究式学习的基础。

探究式学习型的孩子，听到“要多读英文原著”时，会产生跃跃欲试的想法，然后自己去找书。从自己去找书的这一刻起，探究就已经开始了。而且，与其问别人，不如自己找，这样才能找到激发自己兴趣和好奇心的书。

至于英文书的读法也一样。刚开始读碰到不认识的生词时，是查词典还是跳过继续往下读呢？是朗读还是默读呢？是翻来覆去地读还是循序渐进地读呢？——探究式学习型的孩子，能够在探索中自己解决这些问题。

越是学习好的孩子，越了解适合自己的学习方法。同理，探究式学习型的孩子，能够在反复摸索中用自己的方法去完成自己感兴趣的课题。

据说，日本将棋棋手藤井聪太很少研究前人的棋谱，而是以自己的看家本领“残局破解”为基础，在人工智能程序的辅助下进行训练，按自己的思路去考虑如何应对某个棋局。可以说，这是人工智能时代才可能实行的独特训练法吧。

上文我们阐述了能否做到探究式学习的孩子之间的区别。但说实话，刚开始时，大部分孩子都是做不到自己主动探究的。既然这样，那是不是意味着对孩子来说太难了呢？其实并非如此。

实际上，每个孩子原本都有旺盛的好奇心，都有强烈的探究意识。之所以遭到破坏，学校难辞其咎。在学校里，上课采取填鸭式教学法，注重死记硬背，结果孩子们难免变得消极被动，懒于思考，以致逐渐丧失了主动性和好奇心。

而且，有的孩子下课后还要被迫参加补习班，为了应试而死记硬背，被折腾得疲惫不堪。

当肚子不饿而被迫大量进食的时候，“吃”无疑是一种痛苦。同理，被迫进行填鸭式学习的时候，又怎么可能产生“探究”意识呢？所以，首先需要把肚子清空，这点非常关键。

对于探究式学习来说，所谓的“空腹状态”就是指尽情休息。在《红头发安妮》这本书里也描绘了这么一种状态：开学时专心学习；放长假时，则完全抛开课本，彻底放松身心。换言之，**对于探究式学习来说，该休息的时候就“无所事事”地尽情休息，这点非常重要。**

至少要无所事事地休息三天。这样，被隔离的好奇心就会蠢蠢欲动，对各种事物产生探究的热情。

以我自己为例，因为没有连休三天的闲暇时间，所以我会采取每天慢跑一个钟头的替代方法来重新激活大脑。在这一个钟头的慢跑过程中，所有信息都被屏蔽，待跑完的时候，我就会变回“满血复活”的精神状态。

总而言之，不管是无所事事地休息三天，还是心无杂念地进行散步或慢跑等运动，对于重新激活大脑都是非常重要的。大脑一旦被重新激活，探究意识也会随之而产生。

如何提高探究课题难度

在学校上课，课程计划是已经确定好的。以算术为例，学完加法学减法，循序渐进地学下去，内容慢慢地由浅入深。所以，只要跟着老师走，就能逐步提高课题难度。**课题难度越高，就越能给大脑带来良性负荷。**

而探究式学习却不一样，它有个难点——找到课题之后，还必须自己去寻找提高课题的方法。

以一个三四岁的孩子为例进行说明。假设这个孩子喜欢玩“托马斯小火车”的铁路模型，喜欢看动画片《托马斯和他的朋友们》。“喜欢”是兴趣的入口，所以，就以“托马斯小火车”作为他的探究课题。

如果只是玩托马斯模型、看动画片的话，那只能算单纯的消费者；但如果自己试着创作“托马斯小火车”的新故事，则是探究。如果独立创作有难度，爸爸妈妈可以和孩子一起创作。当然，对小学生或中学生也一样，如果他们无法独立完成课题，父母也可以参与进去，给予指导和帮助。

为了进一步提高“托马斯小火车”的课题，还可以用“拓展世界观”这一招——比如创作“宇宙版托马斯”的故事不也很有趣吗？

除此之外，提高探究课题的方法，还包括**对探究式学习的成果进行自我回顾、检验和评价等等。**

小时候，我每年都以研究蝴蝶为课题，参加“日本学生科学奖大赛”（设立于1957年，以初高中生为对象的日本最大的科学竞赛）。一开始，我只是制作标本、调查蝴蝶的分布情况。后来，渐渐地懂得科学方法论之后，我就开始进行假设，然后观察验证，并调查此假设是否成立——用这样的方法来深化探究。

日本将棋棋手藤井聪太为什么会这么受人关注呢？我想，其原因之一，就在于将棋比赛具有明确的评价机制。将棋的世界胜负分明，观众也能看出哪位棋手水平高，所以很容易产生兴趣。传统的学习法也一样，可以用考试分数、偏差值等进行评价，具有清晰明确的标准。

然而，探究式学习却没有考试分数这样明确的标准，所以很难对其进行评价。如果你能找到自己的标准，进行自我评价，那么这将成为你一生的宝贵财富。

以写小说为例，如果只是随便写写，那谁都可以做到。但如果在自己心中有一个严格的标准，可以评判自己写的小说之优劣，那么小说的质量就能得到提升。也就是说，自己给自己设定“评价函数”是非常重要的。

这需要有严于律己、像旁观者一样客观地审视自己课题的能力。真正优秀的人可以做到这一点。宫崎骏先生审视自己的作品时，有着比别人更严格的评价标准。

充分利用比赛也是一种好办法

对普通人来说，要自己评价自己的课题并不容易。

所以，需要把别人的评价拿来作参照。具体来说，就是参加比赛，让别人评价自己的作品。

最近这几年，我在本田公司作为下一代培养计划而举办的“儿童创意大赛”中担任评审组长。这项比赛面向全国小学生，参赛选手要用作品表现出“希望在未来实现”的某个创意。

2018年的参赛作品总数超过了6000件。我们要从低学年组和高学年组中各选一人评为一等奖。那些进入终审阶段但最终落选的孩子，几乎每个人在知道自己落选时都流下了不甘的眼泪。看着这些孩子们，我可以确信：尽管这项比赛并非唯一的标准，但在儿童阶段经历这种按某个标准决定输赢的事，对他们以后的人生大有裨益。

我听说，如今有的学校在举行文艺汇演时，主角会让多名学生来扮演——例如演灰姑娘的有好几个人，演桃太郎的有好几个人……尤其是低龄学生，这种倾向似乎越明显。这大概是考虑到要对孩子一视同仁，不想伤害孩子的自尊心。

然而，致力于探究式学习、获得过“国际文凭组织”初等教育项目认定的国际化学校——关西国际学园（设有从学龄前到高等教育的多个分部），则是让孩子从小就参与竞争。

初等学部为筹备每年12月份举行的Winter Celebration（表演外国或日本的传统戏剧或音乐），从9月份开始进行海选，选拔出一个人担任主角。孩子们为了在选拔中脱颖而出，拼命地练习台词、登台挑战，而落选的孩子则会伤心落泪。

无论“儿童创意大赛”还是关西国际学园都有一个共同的方针：让孩子认识到“通过竞争决定胜负”，对他们来说是好事。

让孩子们知道：像探究式学习之类，无法用笔试考查的能力其实也有评价标准。借此告诉他们，世界上并非只有考试分数这个评判标准。让他们明白：无论是学习很差却擅长运动的孩子，还是运动很差却擅长表演的孩子，都有自己的用武之地。而且，今后的时代，将不再是仅凭学习成绩好就能大放光彩的了。

另外，那些没能被选为戏剧主角的孩子，可能会发现自己更适合演配角；当然，也有的落选的孩子依然会为下一次的希望而不懈努力。

对于探究式学习来说，来自别人的严格评价会成为进一步提高课题的契机。我想，从这个意义上来说，“不让人受伤害”的教育是不可能使人得到成长的。

与其重视学历教育，不如让孩子自学

探究式学习的终极理想形态是Autodidact——“自学者”。

数学家皮埃尔·德·费马，发明大王托马斯·爱迪生，作家赫尔曼·黑塞、乔治·伯纳德·肖、欧内斯特·海明威，作曲家武满彻，音乐家大卫·鲍威和吉米·亨德里克斯，建筑家安藤忠雄，人工智能研究专家埃利泽·尤德考斯基……他们都是没接受过正规的学校教育而在各自领域取得辉煌业绩的“自学者”。

费马（1607 ~ 1665）曾经做过律师，工作之余靠自学研究数学，最终取得了丰硕成果，例如创立了解析几何学。被称为“费马最后定理”的著名猜想是数学界的难题之一，直到360年后才被证明出来。

发明了留声机、白炽灯泡、活动电影放映机等多项产品的爱迪生（1847 ~ 1931），上小学三个月就退学了。之后，由母亲在家教他，同时他还经常去图书馆自学。16岁的时候，他当了一名报务员，工作之余还阅读各类科学杂志，苦学不辍。

黑塞（1877 ~ 1962）14岁时考入门槛极高的神学院，不过才半年就退学了。之后进了别的学校，但不久又退学了。他从事过书店店员等多种职业，一边工作一边坚持写作，69岁时获得诺贝尔文学奖，成为德国文学的代表作家。

武满彻（1930 ~ 1996）自学音乐，在电影电视配乐等广泛领域开展音乐活动，成为具有代表性的日本现代音乐家。

曾经影响过许多音乐人的吉他艺术家吉米·亨德里克斯（1942 ~ 1970），据说是通过听唱片、靠自学不断练习弹奏吉他的。

由于经济上的原因上不了大学的安藤忠雄先生（1941 ~ ），当年曾向读京都大学的朋友请教建筑学课本上的知识，每天自学15个小时以上，用1年时间就学完了在校生要花4年时间学习的内容，并一举通过了建筑师资格考试。后来，他荣获多项大奖，成为日本最有名的建筑家之一。

这些成功人士持续学习的动力，正是出于“想知道”“喜欢”的好奇心，以及刨根问底的探究心。还有，他们的经历还告诉我们一个事实：只要获取必要的信息，并按其进行学习，就能取得成果，这跟上不上学没有关系。

把他们的成功仅仅归功于“有天赋”就太可惜了。**最关键的因素，与其说是“天赋”，倒不如说是“探究心”。这是每一个孩子都具备的，而且成年后也能继续发展的素质。**

比如，现在从事医生这一职业的人，如果照这样发展下去，将来就有失业的风险。一旦AI自动诊断成为现实，诊疗领域就需要用到数据科学的知识，而仅凭传统医学知识终将落后于时代。

如今这个时代，不再像从前那样靠着在学校学来的知识就能吃一辈子了。毕业后，为了继续探究最前沿的知识，也必须进行自学。正因为自学不受束缚，所以才能产生各种创意。

再介绍一位我无比尊敬的梅原猛老师的故事。梅原老师是一位在诸多领域取得巨大成就的大哲学家，可惜他老人家已于2019年1月逝世。他那独树一帜的思想曾经影响过许多许多人。

梅原老师的生平轶事中，令我无法忘怀的，是他读研究生时结婚了，然后因为自己没有收入来源，只能暂时靠妻子“供养”。

听说，当时梅原老师每天待在屋里，自己一个人玩“棒球游戏”——用掷骰子、转铅笔的结果决定是安全打、本垒打还是三振出局等等。他模拟着组建队伍、举办联赛，一年间“举办”了130多场激烈的比赛。

然后，他把比赛结果记录在笔记本上，写满了好几本。

有一次，妻子发现了他的所作所为，惊讶地质问道：“我供养着你读研究生，你却竟然在鼓捣这样的玩意儿？”

我听说这件事时，觉得非常欣慰。

因为我体会到：能够如此热心地沉浸于空想的世界里，沉浸于自己创造的世界里，是梅原老师真正的优秀品质。

后来，梅原老师在历史学和思想研究的领域取得巨大成就，成为大学者。我认为，他读研究生时的这段经历是非常重要的。

也就是说，即使对于从社会的角度看来毫无价值、毫无意义的事情，自己也能煞费苦心地进行想象、设定价值标准并沉迷其中——这样的人具备了做出某种成就的资质。

如果你的孩子也同样沉迷于自己创造的小世界里，请不要武断地认为这是毫无意义的。你应该意识到这种痴迷正是意义所在，并热心地守护和支持他。因为这样才能培养真正的思考能力。

据说，哈佛大学等IB体系的入学考试负责人，最想招收那些能自己设定运动规则或游戏规则、自己沉迷其中，而且长期不断地进行改善的人。

我至今仍然记得，梅原老师在把他读研时的经历告诉我时，脸上流露出了顽童似的笑容。我想，基于探究心的自学，正是开拓未知世界的不二法门。

第 **2** 章

越是高考成绩优秀的中学，越重视探究实践

2

越是高考成绩优秀的中学，越不教应试技巧

那些家喻户晓的升学名校，往往会贯彻实施“不教应试技巧”的教育方针。例如：“开成中学”（连续30多年考上东京大学人数最多）、“滩中学”（虽然地处关西，却有一半学生考上东京大学）。

我的母校东京学艺大学附属高中，也是每年都有很多学生考上东京大学等国立、公立、私立的一流大学，但上课时却从来不教应试技巧。

那么，这些学校的课堂是怎么样的呢?

滩中学的教学很有特色，例如：语文课会让学生花3年时间阅

读作家中勘助的小说《银之匙》；数学课会利用折纸来解答古希腊的“作图不能问题”。在开成中学，学生们自己策划并举行运动会、修学旅行等活动，其组织能力甚至和专业策划公司有得一拼。筑波大学附属驹场中学则会让学生进行水稻耕作实习——在市中心有一块由学校管理经营的水田。

这些学校实施的教学活动和课外活动，乍一看似乎与高考毫无关系。但学生们却通过这些活动培养了比应试能力更为重要的“探究”能力。而且，这些学校的校风都很自由，几乎没有什么“校规”，全凭学生的自主性。我想，正因为自由，才能更好地进行探究。

如果只追求应试技巧，没有培养“地头力”而导致能力发展不平衡，那么，就算考上了理想的大学，以后的成长也很有限。以前人们常说有这样两种人——“止步于大学之人”和“成长于大学之人”。为了不变成前者，最好的方法其实就是实行探究式学习。通过探究式学习锻炼“地头力”是绝对有必要的。甚至可以说，只要能成为“成长于大学之人”，即使不上大学也没关系。

以探究式学习打基础，可以提高考试成绩

我有这样的设想："通过探究式学习，可以培养'地头力'基础——独立思考和探究问题的能力，提升成长空间。在此基础上进行应试学习，就能迅速提高应试能力。"先进行探究式学习，而后再进行应试学习——乍一听似乎有点舍近求远，其实并非如此，因为探究式学习激活了高效学习的大脑回路，从结果来看，是可以在短时间内提升考试成绩的。也就是说，探究式学习不仅可以为适应即将到来的AI时代做好准备，而且对于那些志在考名牌大学的学生来说也是非常有效的学习法。

以前，我曾走访过一所致力于高考的"初高中一贯制学校"。这所学校的教学，是从初中阶段就开始为高考做准备。学生们一个个脸色苍白，面容憔悴。跟他们交谈时，很多学生都抱怨说："上课太没劲了。"至于考上名牌大学的人数，却没有什么提升，可见学生们拼死拼活的应试学习简直就是徒劳。

我由此领悟到了一个难能可贵的经验：致力于应试教育的学校，其高考成绩其实并不好；反而是像开成中学、滩中学、驹场

中学这些注重以探究培养“地头力”的学校，在高考成绩方面更有成效。

堀川高中

●“堀川奇迹”——设立“探究科”后，考上国立、公立大学的人数增加了18倍

位于京都市的公立堀川高中，一跃成为培养出大量京都大学录取生的“名校”——这应该归功于时任校长的荒濑克己先生。荒濑先生刚到堀川高中赴任时，该校还是一所毫无特色的学校，每年考上国立、公立大学的学生寥寥无几，一直被那些有名的私立高中压制。为了重振这所公立高中，荒濑先生于1999年4月设立了“探究科（社会探究科 · 自然探究科）”。

学生们按照高一上学期开始的探究课程进行探究，用高二上学期的半年时间完成论文。课题多种多样，有环境科学、建筑等等。每人选定一个课题进行研究，并写成一篇类似于大学毕业论文那样的文章来。在此过程中，学生们可以咨询校外专家或自己

调查，不断地进行实验。

结果，学生们的学习成绩获得了飞跃性的提升，每年有100多名学生考上国立或公立大学。——这被人们称为“堀川奇迹”。而促成这一奇迹的，正是探究科的设立。

“堀川奇迹”远近闻名，考上国立或公立大学的人数飞跃增长一事受人关注。不过，现任校长谷内秀一先生说：“堀川高中的目标并不只在于高考成绩。”

据说，堀川高中在开招生说明会时，会这样介绍学校：“我们将贯彻实施面向高考的教学，但同时也将贯彻实施探究式学习。”也就是说，如果只想培养应试能力，可以选择别的学校。而进入堀川高中的学生，希望不仅是为了高考，而且还要在探究式学习中培养“设定课题”和“解决课题”的相应能力。

一位学生在和我面谈时说，他想研究建筑方面的课题，将来读京都大学建筑专业。另外一位选定生物课题的学生则表示将来想做iPS细胞的研究。

像这样实际体会到“求知”的快乐后，学生会变得主动学习，明确自己想做什么，不再是稀里糊涂地随大流，而是产生一种

“很想学习某种专业知识”的强烈愿望。有了动力，自然也会积极努力地学习备考。

● 堀川高中的探究式学习可比肩大学

堀川高中的探究式学习具体是如何实行的呢？我于2018年秋来到京都，访问了校长谷内先生。

堀川高中实行的探究式学习的中心是“探究基础”。探究基础的目的，在于引导学生对没有标准答案的“问题”进行思考，得出自己认为正确的“答案”。

为了达到这个目的，要采用这样的手法——把想知道的事情具体化、收集信息并检验由此得到的“答案”是否正确。

首先，在高一学习探究的基础，升入高二后，就写正式的论文。具体做法是：针对自己设定的课题，与研讨班的同学、教员、TA（研究生助教）进行探讨和对话，同时进行调查和实验。整理出结果后，举行发布会，并根据会上的意见推敲修改论文。换言之，这些探究活动可以说与大学举行的专业研究方法几乎没什么两样。既然大学的研究方法行之有效，那么完全不必非得等到上大学再做。

探究基础的课程是每周两节课。不过，理科生还要进行实验和分析、观察等活动，所以在放学后、节假日、暑假等长假期间，也可以请相关教员开放设施，继续做研究。

● 在家里实践“堀川精神”的方法

我还问过主管的饭泽功老师：如何在家里实施探究式学习？

饭泽老师说：“探究式学习不存在只要依葫芦画瓢就能成功的黄金法则。”不过，据他的经验之谈，首先要对学生的课题感兴趣，并询问学生为什么想做这项研究，这点很重要。然后，等学生的研究进行到一定程度，再问他：“下一步该做什么呢？”

“大多数学生都不会独立思考，而是动不动就喜欢问老师。比如说：‘我对这个东西感兴趣，可以把它当作研究课题吗？’或者问：‘实验已经做到这一步了，下一步该做什么呢？’等等。之所以动不动就喜欢问老师，大概是因为一直接受着这样的教育——无论做任何事时都要询问父母或老师。

“遇到这种情况，如果老师立马给出答案，学生们就会变得越来越不愿独立思考。所以老师应该通过提问让学生产生自觉性，采取‘我们一起思考’的姿态。

“比如对学生说：‘下一步该做什么呢？对了，你之前做到哪里了？’学生就会回答：‘噢，现在必须要做的是这个步骤。’其实，学生知道自己下一步该做什么。我通过提问，激发学生的自主性，让他们意识到自己的目的。这样一来，学生就逐渐变得能独立自主地进行探究了。”

饭泽老师说，他教导学生，自己在家进行研究时，不妨尝试问自己：“我下一步该做什么呢？”因为，通过询问可以引出思考的重点。另外，父母也不妨充当老师的角色，向孩子提问题。

不过，还有一点也很重要——“别让孩子轻易获得成功的体验”。例如，孩子正在做某项调查，而家长知道利用某处设施的设备可以马上查询到答案。在这种情况下，家长不应该为了帮孩子扫除障碍而直接告知答案，而应该等待孩子自己找到答案，这样才能培养孩子的独立思考能力。

据说，在堀川高中的入学仪式上，老师会发表这样一个宣言：“在堀川高中，即使遇到难题，老师也不会帮忙解决。我们实行的教育，是让学生培养自己想办法解决困难、突破难关的能力。因此，请各位家长也千万不要帮忙解决。”

老师们之所以发表这样的宣言，是因为发现有不少这样的家长——他们非常热衷于教育孩子，结果却反而导致过度干涉孩子。

● 通过提问学生找到探究课题

我看过一份预备稿，上面记录了堀川高中第19届学生（2018年9月发表会）实行的探究式学习的课题和概要。我想介绍其中的几例：

《SS433的宇宙喷射速度稳定的主要原因》

所谓“宇宙喷射”，是指引力大的天体向宇宙空间喷射出的等离子气体，理论上会持续加速，但名为SS433的这一天体喷射出的等离子气体的速度却是恒定的。本研究认为，SS433的宇宙喷射之所以不加速，是因为其构成物质会对加速产生阻力。通过分光观测，考察形成阻力的物质。

《用地热发电代替核能发电是否有效》

2011年，福岛县核电站发生事故，因此日本人“去核电化”的意识逐渐高涨。然而，日本至今未能迈出“去核电化”的第一步。在这个背景下，本研究探讨“废除核能发电，用地热发电取而代之”的方法是否有效。从对环境、自然景观、观光地造成的影响，还有发电所需的成本、安全性以及别国现状等方面进行考察。

再看看几例研究的标题吧。

《设法使每节电车车厢的拥挤程度均衡化》

《如何防止日益增加的年轻人“孤独死”——SNS能救命！？》

《英格玛密码在现状下的实用性——从与RSA密码的比较谈起》

《地质工程对地球温室效应的抑制》

《就近取材解决半干衣物难闻气味的方法》

《日本与韩国的英语能力提升率的区别及其主要原因》

怎么样？这些课题的个性非常丰富，有的令人感觉超越了高中生的水平，有的则具备独到的着眼点。

那么，堀川高中的学生们是如何找到如此个性纷呈的探究课题的呢？还有，如果学校没有开设探究式学习课程的话，学生又该如何寻找探究课题呢？

据饭泽老师说，进入堀川高中的绝大部分学生，一开始都没有很明确的“自己想研究的课题”。绝大多数学生既没有探究式学习的经验，也没有独立自主地策划组织过什么活动，甚至没有当众做演示说明的经历。因此，即便老师让他们“自己找到课题进行研究”，绝大部分学生也不知如何是好。

因此，堀川高中采取了“通过指导教员和学生面谈来寻找课题”的方法。面谈的关键，是引导学生发现自己感兴趣的事物。另外，学生也可以把自己从小比较关注或留意的事物作为研究课题。

● 堀川高中教师的“联谊法”也能在家里运用

说到底，从本人感兴趣的事物寻找课题是最好的方法。不过，听说有的学生还是找不到课题。

在这种情况下，堀川高中的做法是，让学生列举出100件自己有疑问或感兴趣的事物。然后从这些疑问和兴趣当中找出真正想做的课题。

当然，真要从100件当中找课题也并非易事。饭泽老师等指导教员把这种以寻找研究课题为目的的面谈称为“联谊法”。

所谓“联谊法”，就是像联谊会那样，通过问学生问题而找到其兴趣所在。例如问：“休息日做些什么？”“喜欢读什么书？”“有什么兴趣爱好？”……孩子自己开口说出来，就会意识到自己对什么感兴趣。

在这过程中，要注意不能说一些打压孩子想法的话。因为，努力去发现并加强孩子的兴趣才是最重要的。

据饭泽老师所说，针对“培养探究心”这一目标，探究式学习并不是唯一的方法。当然，有的学生会通过探究式学习培养探究心，也有的学生会在平时课堂上听到感兴趣的内容而大受启发。有人会受到读过的某本书的影响，有人会受朋友的影响，还有人因为在文化节活动中表演舞台剧而突然开窍。

也就是说，培养探究心的渠道多得数不胜数。学生会在哪个渠道闪现灵光，老师和家长们都无法预料。**老师和家长们所能做的，是尽可能地为孩子们准备多个渠道。**

开成高中

● 开成学园没有书呆子

开成中学（开成学园）位于东京西日暮里，是一所“初高中一贯制”的私立男子学校，每年考上东京大学的学生人数在日本首屈一指，是名声远扬的名牌中学。

开成学园虽然没有开设打着“探究式学习”或“主动学习”名目的课程，但每位教员自由选择教材和上课形式、设计教学活动，从结果来看，有的也是在实行“探究式学习”或“主动学习”。在这种情况下，学生们是不是难以充分培养“独立思考能力”和“探究问题的能力”呢?

其实不会。因为，对于培养探究心来说，开设“探究式学习”课程并不是唯一的方法。

我前往拜访了校长柳泽幸雄先生，问他:“开成学园是一所什么样的学校?”柳泽先生说道:“开成学园的基本姿态，并不是由学校决定应该怎么做，而是以学生为主导，学校提供支持。”

开成学园通过平时的课堂、运动会、学年旅行、文化节等活动激发学生的兴趣和好奇心。柳泽先生把这些活动称为“诱饵”。

例如，开设汉文课、举办校级活动，这些都是学校向学生们撒下的“诱饵”。学校不知道学生们会吃哪种饵料，所以就提供多种饵料，等待上钩。

假设某个学生听了一节汉文课后，被它激发起兴趣，然后在课外自己找汉文方面的书来读，或查阅相关资料，开始进行钻研。——这就是学生咬住学校撒下的“诱饵”而上钩了，即激发了学生的兴趣和好奇心。

再假设，学生想更加深入地探索汉文的世界，可又不懂方法。这时，就轮到各种社团和兴趣小组出场了。据说，开成学园有23个体育社团（其中一个暂停）、29个文艺社团、16个兴趣小组。全部加起来有将近70个，基本上所有学生都加入了某个社团或兴趣小组。

其中比较少见的有：门球社团、山岳社团、猜谜研究社团、折纸研究社团、社会科研究社团、物理社团、数学研究社团、海马研究会、环保车兴趣小组、开成航空宇宙兴趣小组……总之，各种领域的社团和兴趣小组都有。可以说，这些社团满足了学生的兴趣和好奇心，并且包括了许多能够深入探究的领域。

2017年荣获世界奥数第一名的开成学园的学生，据说就是数学研究社团的成员。我以前参加过日本电视台旗下的一档节目——荟萃全国高中生的《高中生智力竞赛》。开成高中的猜谜研究社团是该节目的常客，也是有力的冠军竞争者。学生们就是像这样遵照自己的兴趣开展社团活动，快快乐乐地进行探究。

除了社团和兴趣小组，还有学生会、图书委员会、保健委员会、运动会和文化节等校级活动的委员会。似乎有很多学生同时参与了多项活动。甚至连运动会、修学旅行等大型活动也是交给学生自己来策划和组织。

每年的运动会，学生们自己思考和讨论新规则或问题点，为举办最完美的运动会而行动。这成了开成学园的一项传统。

为此，“运动会委员”要用近一整年的时间来制定并审议新规则，以及讨论问题点的对策，不断地进行改善。

至于学年旅行，则是从初二开始，由“旅行委员”组织大家商讨决定旅行目的地和计划，还会制作导游手册。我看过学生们制作的导游手册，里面的设计和内容显得非常专业，令我非常佩服。

另外，旅行回来后，学生们还会继续探究——对旅途体验中感兴趣或关注的事物进行调查并写成文章，编辑成“旅行文集”。

可以说，这些正是探究的一种形式吧。

● 尽管没有进行高考特训，但为什么考上东京大学的人数却最多？

柳泽校长说，他经常这样告诉初一学生及其家长：“什么都为孩子提前安排好，孩子就不会成长。”

为了孩子在学习上不落后于人，为了孩子不会摔倒，父母和补习班总是手把手地教导。其实，倒不如让孩子摔倒一次，然后要他自己思考该如何站起来。这种经历反而能促进学生的成长。

我想，柳泽校长之所以这么说，是因为他知道：无论是学习还是填报志愿，全都让学生自己思考、自己行动、自己对结果负责，这样才能更有利于成长。

尽管如此，还是有家长担心：“一切听凭孩子的自主性，真的没问题吗？”可是，请你仔细想想，虽然开成中学是一所重视学生自主性的自由的学校，可每年考上东京大学的人数却名列全国第一。柳泽校长曾表示：“如果开成中学更重视应试教学的话，考上两三百人也不在话下。”可见还有“余力”。

为什么呢?

这是因为，自愿“想去东京大学”的学生非常多。比起被别人强制要求，“想去东京大学”的自主意愿能使大脑变得更积极，学习效率也更高。

那么，开成中学的学生为什么想去东京大学呢?——据说，很多学生的动机是：注意到自己仰慕的学长去了东京大学，而且听他们说东京大学很好玩，所以自己也萌生了想去的念头。总之，学长是离他们身边最近的模范人物。

学校会举办一个叫“欢迎学长”的活动，进一步增强学弟学妹的向往之情。学校只是以高一学生为对象，每年举办一次。但由于开成中学各个年级的独立性非常强，所以各年级每年也会举办。

顾名思义，“欢迎学长”活动就是邀请开成中学毕业生回到母校，对学弟学妹们讲述自己如今的学习或工作情况。比如，JAXA

（日本宇宙航空研究开发机构）的职员以毕业生身份重返母校的时候，除了讲述发射火箭的事，同时也会聊聊当年在开成中学上学时的往事："我上初二那时候呀……"。

学生们在仰慕学长的同时，也会这么想："这么厉害的学长，初二的时候也跟我们现在差不多嘛！"然后又有所领悟："既然如此，我们将来也能成为学长那样的人。"从那以后，就算没人督促他，他自己也会朝着将来的目标而努力。

像"欢迎学长"活动这样"把憧憬变成具体可见的形式"，其实也是一种用来培养孩子的兴趣、好奇心和探究心的"诱饵"。

● 开成学园式的"'地头力'培养方法"可以在家里运用

我问柳泽校长：有什么有效的方法，能够在家里培养出像开成学园学生那样的"地头力"——"自主性""独立思考能力"和"探究心"呢？

"我认为，对于初中生来说，'对话能力'非常重要。为了归纳整理自己的想法，把它用语言说出来是很重要的。如果不说出来，想法就无法归纳成形；而在讲给别人听时，自然会在头脑中进行归纳。

“父母所能做的，是认真地倾听孩子说话。父母倾听孩子说话，有两个好处：其一，能让孩子获得一种‘自己被父母接纳’的安心感；其二，增加开口的机会，还能训练如何有条理地说话。

“我觉得亲子之间的说话量比例应该‘父母1：孩子2’。这是因为，父母的经历和词汇能力远比孩子丰富，如果不加控制的话，父母就会一个劲儿地逼问孩子：‘怎么样？你说呀？’导致孩子失去开口的机会。

“那么，要采取怎样的表达方式，才能用父母的1引导出孩子的2来呢？——答案是，父母要始终当好提问者和顾问的角色。请你轻柔地、若无其事地提问，以便让孩子能够轻松畅快地说出来。

“比如问孩子：‘这次运动会，你要参加什么项目来着？上次听老师说过但忘了。’孩子就会回答你。对于孩子的回答，要饶有兴趣地倾听。”

而且，柳泽校长所说的“高明的提问方式”也很重要。

“为了引导孩子开口，要问一些孩子容易回答的问题，例如‘要训练多久呢？’之类的。要表达个人意见时，请说‘好像很好玩哩'之类肯定的话语。这时，可以有意识地运用5W1H（谁〈Who〉、什么时候〈When〉、哪里〈Where〉、什么事〈What〉、为什么〈Why〉、怎样〈How〉），逐个询问：'今天玩了什么？''和谁一起？''在哪里玩的？'……孩子知道该说些什么，就会滔滔不绝地说下去。通过用5W1H将对话进行下去，孩子自然能变得说话有条有理，而且也能独立思考。"

由此可见，父母在培养孩子的探究心时，对话也是很重要的方法。

YES International School

● 日本唯一的三语学校

2016年4月，在横浜设立的YES International School（以下简称YES）是一所实行三语教学的自由学校，它以文部科学省规定的《小学学习指导大纲》为基础，将日语、英语、编程语言定为三大支柱，设计出独特的课程计划。学校创始人——竹内薰校长是我大学时代的好友，他既是科学家，也是一位科学作家。

竹内有个女儿正在上小学二年级（2019年的时候），当时因为找不到一所理想的学校，所以他就决定自己创办学校——于是就创办了这所学校，自己担任校长。

之所以说“找不到一所理想的学校”，是因为日本的大多数学校都是实行应试教育，都是以“考上好学校”“进入好公司”为前提，已经无法适应如今这个日新月异的时代。

既然如此，那么是不是去普通的国际学校读书就万事大吉呢？——其实不是的。到国际学校读书，或许能学会说一口地道流利的英语。但对于日本人来说，因为缺少了“用日语深入思考”的教育而导致思考能力不足，这样的例子随处可见。

当然，竹内创办这所学校并不只是为了女儿。

还有一个原因，是他对当今的日本教育抱有危机感。今天的小学生长大成人时，人类的半数职业将被AI和机器人取代。如果想到时还能从事自己喜欢的工作，那么现在需要接受怎样的教育、掌握怎样的技术呢？——这些问题的答案，无法从现有的学校尤其是小学里找到。正因如此，他才创办了YES。

● 各小组按不同进度学习

我之前已经多次走访过YES，但这次为写此书又再度走访了YES的横滨校区。

YES和一般的日本学校不同，不会采取“老师站在黑板前讲课”的统一授课方式。

以数学课为例，老师不按年龄而按学习进度把学生分成几个小组，各小组学习不同的内容。而且，在小组内部，还会让先解答完习题的孩子指导还没解答出来的孩子。这样做有一个好处：在教别人的过程中，孩子自身也得到了成长。

统一授课的方式，无论对落后的孩子还是对超前的孩子来说都很无聊。我觉得，无视这些孩子而搞一刀切的教育是毫无意义的。

另外，YES的绝大部分课程都不使用教科书。各个老师根据孩子的学习进度自己编写教材。据说，这样做的目的是：不依赖教科书这种现有的指导书，而是通过灵活而具有创造性的教学，让孩子开拓更加广阔的视野。

丰富的电子教材也是YES的特色之一。他们给学生每人发一台平板电脑，用来上编程课。为了方便那些住在外地而无法到横滨校区上课的孩子，学校还利用智能投影仪让他们参与到课堂里面来。

我访问YES时，正好有一个住在盛冈的九岁小女孩在自己家里通过智能投影仪上课。她能看见我们这边的课堂，我们这边也能看见她。还能连接语音进行对话。因为可以互相共享声音和画面，所以就算远在外地也照样能上课。

● 全世界都开始了探究式学习

竹内解释说：现在日本的教育模式是明治时代从普鲁士（现在的德国）传过来的。

在19世纪的普鲁士，人们把在拿破仑战争中战败的原因归结为“军队不能忠实地执行上级命令”。从那之后，普鲁士开始实行军队式教育，军队变得强大起来，最终统一了全国。在富国强兵时代，“培养忠实地执行命令的能力”的教育模式是行之有效的。

日本也一样，明治时代以来的150年间——从第一次到第三次产业革命时代，为了满足大量生产的需求，需要大量能忠实地执行命令的劳动力。

然而，现在却不一样了。有一种观点称：到2045年，人工智能将超越人类的智能（“奇点”，singularity），按指令就能完成的工作将不再需要人类承担。这是因为，今后一旦企业不断地导入人工智能系统，其成本有可能比雇用人工劳动力更低。那样一来，无法降低成本的企业就会倒闭，所以企业经营者会争相导入人工智能系统。

第四次产业革命——各种事物都通过互联网联系在一起，由AI进行控制——那样的时代正式到来时，人类所从事的，应该是那些只有人类才能完成的创造性工作吧。

有人预测，2000年后出生的孩子一生将从事15种以上的工作，65%的孩子将从事现在还没有的新职业。这个第四次产业革命恐怕会完全改变以往的社会和价值观。

为了顺应这种变化，教育也必须进行变革。

根据2016年1月世界经济论坛上提出的年度报告，到2020年，下列技能将会是不可或缺的。

一、解决复杂问题的能力

二、批判性思维（多角度考虑问题、妥善分析问题的思考方法）

三、创造力

四、管理能力

五、人际关系协调能力

这些虽然还称不上是绝对准则，但可以说是世界上最出类拔萃的精英人士所想出来的一个标准。

那么，为了掌握这些技能，教育应该如何变革呢？——**必须把“记忆型的学习成绩评价体系”进化为“课题形式的探究式学习”。现在，全世界已经开始行动起来了。**

哲学家萨特说过：“人是一种面向未来而进行自我筹划的生物。”“筹划”一词的法语是Projet，英语是Project（计划 · 策划）。总之，面向未来考虑如何进行自我筹划，这是人类的本质。

实际上，成年人在做的大部分工作都属于“课题制”的。例如，出版书也是一个课题。作者、编辑、校对、图书设计、印刷人员等等，和课题相关的人员一起努力做出一本书。做出来之后，出版社的营销人员负责推销，广告公司做宣传，把书卖出去。这本书如果受到很多读者欢迎，就说明课题取得了成功。

● 最前沿的探究式学习——美国High Tech High的事例

接下来，稍微偏离一下话题，向大家介绍一所正在率先进行探究式学习实践的外国学校吧。

美国加利福尼亚州圣地亚哥有一所名叫High Tech High的公立特许学校。所谓“特许学校”，是一种具有特定目标而设立的新型公立学校。

High Tech High创办于2000年，当时是一所高中，但现在已经发展为从幼儿园到高中的13所学校和教育研究生院。因为是公立学校，学费全免，想进这所学校的学生将根据所居住的学区摇号入学。入学之后，可以一直读到高中。

High Tech High采用完全课题制，因此没有开设“数学”“社会”之类的课程，也没有明确地区分年级，采取以学生为中心的课题式学习。

以High Tech High的高中课堂为例，物理学老师和人文学老师同时担任班主任，在一年时间内进行课题式学习，完成一个关于“文明兴亡”的课题。首先让学生讨论文明为何会消亡，然后搜集信息，制定理论，并将做成一个“表现文明流动的巨大的机械时钟装置”，以此完成课题。

学生们在完成课题的过程中学习历史和社会学，在制作机械时钟齿轮的过程中学习物理学。通过完成一个课题，实现跨学科的、综合性的学习。

学年末举行发表会，不仅是学生家长，就连邻近的居民也会前来旁听。然后，通过现场掌声的热烈程度来决定对学生的评价。也就是说，课题式学习的评价不是通过考试决定的。

“通过考试来检测对所学知识的理解程度”这种学习方法，追求的是考卷上的完美成绩，最多100分满分就到头了。而High Tech High的做法，则是把所学知识应用到课题中去，制作出前所未有的原创作品，或是把新颖的创意表现为实物。在这个过程中，最注重的是如何发挥个性和创造性。

有的学生为了高考而拼命做有正确答案的练习题，有的学生则是为了追求自己心目中的正确答案而进行探究——这两种高中生活，不仅充实度大相径庭，而且从“掌握未来所需技能”这方面来说也是不可同日而语的。

● 英语使用者有80%是把英语作为第二语言

竹内说：“日本一直以来的主流教育，是先准备好正确答案，然后让学生照着做。然而，我要再次强调，在导入AI系统的未来社会，不需要只会等待指示的人，而需要那些能自己发现工作、具有创造性和逻辑性（能进行逻辑思考）的人。这需要独立思考能力和探究能力，而这些能力是要靠理论支撑的。支撑理论的基础，是**日语能力、英语能力、编程能力**这三根支柱。”

我想，这三根支柱不就是探究式学习的基础吗?

首先来谈谈YES的三根支柱的第一根——“日语能力”。在YES当然也会教英语，但作为日本人，是用日语进行思考的。用母语能思考得更深入，而且，只有能够条理清晰地运用母语，才能条理清晰地进行思考。

所以，YES不只注重英语，而且对日语课程也非常重视。

孩子们将来走上社会，说话时要条理清晰，要把自己的想法简单易懂地传达给别人——这种日语能力，光靠漫不经心地看教科书是无法获得的。只有充分了解语法结构，才能把事物的因果关系和相关关系说清楚。

为此，YES提倡大量阅读文章。多读书，自然就能记住语法结构。要让孩子多读书，关键是要让他们对书感兴趣。YES的一个做法是：把孩子们的名字作些改动写进原创小说里，然后把这小说作为阅读理解的文本。

以此为入口，找到自己喜欢的图书类型，然后通过增加读书范围和读书量来培养熟练运用日语的能力。这就是YES的做法。

接下来，谈一谈第二根支柱——“英语能力”。在YES学习英语的原因只有一个——因为英语是世界的通用语言。全世界有17.5亿人说英语，其中大约80%是把它作为第二语言，所以在YES学英语的目标并不是非要说得跟母语者一样地道。

更重要的是，**如今互联网上的信息多半是英语的。**如果不能用英语获取信息，就会在各个领域中导致信息落后。学术论文基本也是用英语写的。所以，如果你不会用英语读论文、写论文，你的研究就得不到认可。

商务领域也是如此。如今跟国外没有丝毫关联的企业越来越少了。所以，在和国外客户用邮件、电话进行交流或召开电视会议时，将不得不使用英语。在不久的将来，世界各地的工作将通过互联网进行沟通，到时英语就更是必备的技能了。

● 为什么需要具备编程能力

最后，谈谈第三根支柱——“编程能力”。所谓编程，说得通俗易懂些，就是“把想让计算机做的工作依次写下来的指令”。由于计算机无法理解人类的语言，所以要用专业术语即编程语言下达指令。

智能手机的应用软件、所有机型的游戏、新干线列车准点运行、金融机构的汇款操作……这些使我们生活变得丰富多彩的大多数事物都是通过编程来运作的。

那么，应该怎么学习编程呢？在YES，从小学一年级就开设编程课，给每个学生发一台平板电脑，用来学编程的应用软件主要是“Scratch”。

Scratch这个编程软件，是美国马萨诸塞州麻省理工学院媒体实验室团队设计开发的，简单好用，连小学生也能进行编程操作。可以在网上自由使用，还可以用来制作原创游戏和动画。创作的作品可以对别人公开，也可查看并体验别人的游戏作品。所以，只要使用Scratch等软件，在家也能学习编程。

话说回来，为什么需要学习编程呢？这是因为，即使你将来不打算成为专业软件工程师，今后也必须了解编程知识。现在，编程就已经在我们的生活中广泛运用。在不久的将来，肯定会运用得越来越多。到那个时候，如果缺乏关于计算机的知识（比如关于编程的知识）以及运用该知识的能力，恐怕就会在工作中遇到很多障碍。

了解蔬菜的人才能做出美味佳肴。同理，只有掌握编程的知识，才能萌生出切实可行的创意。

另外，**编程还有一点颇受人关注——它能用来训练逻辑思考能力。**程序这东西，一旦出现bug（逻辑漏洞）就无法正确运行。计算机不理解含糊不清的语言，所以只有构筑起逻辑清晰而缜密的程序，它才会按我们的指令行动。因此，经常学习编程，自然就能培养逻辑思考能力。

毫不夸张地说，今后的时代，如果没有编程能力就无法出色地完成工作。毕竟，在今天的社会，“附加价值”就是通过编程产生的。

● 如何培养能适应巨变时代的孩子

当我审视着日本的教育现状时，我意识到：现在正处于过渡期。“让孩子通过自由的探究来训练创造性和独立思考能力”是一种理想状态，但从现状来说，目前还无法忽视传统的应试教育体系。因为，为了“进入好大学、进入好企业”的教育体系暂时还没有完全崩溃。

现在的应试教育体系和社会体系迟早会发生变化，但就眼下来说，探究式学习和应试教育必须两手抓。为此，作为过渡时期最好的方法，我提倡的是“全能学习法”。它包括两个阶段：先通过探究式学习打造聪明的头脑，然后再以此为基础也能轻松地应付考试。

堀川高中已经在实施“全能学习法”了；开成学园的柳泽校长所说的教学法大概也与此类似。

YES的竹内校长常对初中生和高中生们这么说：“世界是不断变化的。所以，就算你把知识死记硬背下来，到时也比不过人工智能。那要怎么做呢？——当然是‘探究’。请努力学习自己喜欢的东西，把自己具备的特长变成武器。不过，明年就要参加考试了，所以接下来这一年只能先对付考试啦。不过，不能靠死记硬背，而是要通过自己去发现规律、进行探究式学习、尽可能快乐地学习。等考试一结束，就立刻切换回探究模式，继续快乐地探究吧。”

我走访的三所学校，尽管做法不同，但都深知“探究心”的重要性。

最后，我想以落合阳一先生作为例子——他正是运用“全能学习法”而把探究和应试做到了两全其美。我前几天参加落合先生主持的节目时，他说起自己在开成高中读书时的经历——当时他完全无心向学，上课时间也只顾弹吉他。但却没有一个人斥责过他。从这件事上也能看出，开成中学是一所绝不会打压学生“探究心”的学校。

后来，他考上筑波大学，并读完了东京大学研究生院的博士课程，才三十多岁就担任筑波大学的校长助理和副教授。另一方面，他作为一位媒体艺术家、实业家，还一直不懈地进行探究。对于憧憬这种生活方式的年轻人来说，他简直就是男神的化身。

我想，落合阳一先生之所以能取得成功，并不是因为应试教育，而应该归功于他在课堂上弹吉他的那种自由的“好奇心”和“探究心”。也就是说，如果只是接受应试教育的话，就无法像落合先生这样，成为在研究者、艺术家、实业家等广泛领域都得到认可的人才。

也许有很多家长认为：不用像落合先生这样成功，只要让孩子考上好大学、进入大公司、能过上安稳日子就行。可是，像从前这种“考上好大学就能一生安稳”的社会还能维持多久呢？在不远的将来，人工智能快速发展，无论是教育体系还是公司运作体系都会随之发生巨变。

到那时候，只要你具备一技之长，就能在瞬息万变的时代中存活下去。为此，我们需要进行探究式学习。

第 3 章

“真正聪明的孩子”的父母在家里做什么

3

对于孩子的好奇心，父母要默默地“守护”和“支持”

我有个朋友，他的儿子正在上小学低年级。有一天孩子对父母说：“我喜欢面包，以后要当面包师！”

孩子他妈一听就强烈反对，劝说道：“现在想什么当面包师呢，还不如好好学习，考个好学校，将来才有更多选择。”扑灭了孩子想当面包师的兴趣。顺便说一下，这位妈妈毕业于有名的私立大学，目前在一家大型出版社工作。

我听说这事时，感到非常可惜。这位妈妈认为职业有高低贵贱之分，她断定考入名牌大学、进入知名企业工作才能算成功，而做面包师则没有前途。

我小时候对蝴蝶很感兴趣，但父母从来没有说过“这玩意儿对你将来没什么用”之类的话。我后来上大学，读的是理科物理学专业。当时社会上普遍认为学物理没什么“钱途”（现在可能也一样），但父母并没有因此而劝我转读医学专业。总之，他们对学问和职业没有任何偏见，对于我想做的事也从不干涉，只是默默地守护着我。

父母能为孩子做的事情很有限——那就是“守护”和“支持”。**看见孩子对某个事物产生兴趣时，父母应该压抑住想横加干涉的冲动，只需默默地守护和支持即可。**其余就交给孩子自己发挥自主性吧。孩子自己发挥自主性，即使失败了，也会因为是“自己的决定”而无怨无悔，继续靠自己开创自己的道路。

和从前讲究论资排辈、实行终身雇佣制的时代相比，在如今这个时代，我们无法预知做什么才是有价值的。比如说，日本以前可没有“西点师”这个名头，顶多被称为“蛋糕师傅”之类的。但现在就不一样了，有人前往法国学得制作西点的好手艺，以一流“西点师”的身份受到全世界瞩目，并荣获众多奖项，受到大家的尊敬。

在当今时代，只要能把自己的兴趣做到极致，就一定能发光发亮。就拿前文提到的那个想当面包师的孩子来说，只要他努力钻研面包，不断探究选用哪种小麦和酵母菌、放什么馅能使面包变得更好吃，说不定就能做出全世界最美味的面包来。一个孩子，既然能够如此认真地钻研自己感兴趣的事，那么他的头脑一定会很聪明，对付考试应该也不在话下。

父母存在的目的，并不是为了给孩子施加影响，而是让孩子多接触各种事物，然后为他提供一个即使挑战失败也可安心返回的港湾。

认可孩子随时变化的兴趣

事实上，孩子会对各种各样的东西感兴趣。

现在说想当面包师，但说不定几个月后就变成想当服装设计师了。

这时，如果父母这样考虑：“反正小孩三天两头改变主意，还不如让他集中精力学习，到时做什么工作都行。”从而反对孩子的兴趣爱好，那么结果会如何呢？

孩子肯定会失去探究的热情。一旦失去探究的热情，对于人生的态度也会变得消极起来。

即使眼下的兴趣与将来的发展方向没有直接关系，但探究行为本身就是有意义的。对某个事物抱有兴趣、定下目标、持续探究，就会为了达成目标而制定计划、做实验、反复摸索。在这个过程中，孩子一定能体会到学习的乐趣。

像这样，掌握探究的方法之后，可能会产生继续“深挖”的念头，或者是扩大兴趣范围，对别的事物产生兴趣。这样就会开始新的探究。

即便孩子经常“见异思迁”，接二连三地改变探究对象，父母也不必担心孩子“没有常性”“没有耐心”。

重要的是探究的姿态。说得极端点，具体探究什么都无所谓。对于孩子随时变换的兴趣，父母都要支持，这样他迟早会找到自己真正想做的事。

让孩子多接触一流的东西，也是一种探究式学习

前文讲过，父母能为孩子做的只有“守护”和“支持”。比“守护”更积极一点的，是“支持”。

最重要的“支持”，是要尽早告诉孩子“世界很大，优秀的人很多”。在小学、初中生阶段，大多数孩子过着家里、学校和补习班的三点一线的生活，只能接触到家人、同学、老师等。

孩子在自己所处的环境里过着紧张的生活，没有余力看到更广阔的世界。所以，让孩子把目光投向更广阔的世界，是大人的职责所在。

以我为例，上小学之前，母亲把住在附近的一位读昆虫学专业的大学生哥哥介绍给我认识，这成了我人生的重大转机。以这为契机，我加入了一个研究蝴蝶和飞蛾的成年人的学术团体——“日本鳞翅学会”，我由此见识到了广阔的世界。作为一个小学生，我在学校里比谁都更了解蝴蝶方面的知识，可是跟“日本鳞翅学会”的大人们一交流，我才深受刺激，意识到：“自己还差得远。原来世界上还有这么厉害的人。”

前文提到过的那位想当面包师的少年也一样。如果他只是在家里烤面包，家人吃了都说好吃——这样的程度其实只是井底之蛙。这时候，父母所能做的，是即使路途遥远也要去买来真正有名的面包师烤的面包，让孩子亲口尝一尝。然后问他："你觉得你做的面包和这个面包有什么不同？"以此激发孩子的探究心——这正是父母应该给予的"支持"。

另外，经常向孩子展示"某一领域的顶级人物"也很重要。

比方说，美国企业家兼工程师埃隆·马斯克。他创建了SpaceX太空探索技术公司，致力于开发制造可实现太空运载的火箭。他同时还是环保跑车公司Tesla Motors的CEO。据说，其资产在2018年达到了204亿美元。

这位马斯克先生出席了2018年3月在得克萨斯州举办的"西南偏南（SXSW）音乐节"，并在活动上宣布，为实现火星移民而正在开发的"大猎鹰火箭BFR"（设计为可往返于火星与地球之间的可循环利用的超大型火箭），目前已在为2019年上半年的"短期太空旅行"测试做准备。

马斯克先生在2017年就宣布正在开发BFR。利用BFR，从纽约到上海大概只需30分钟。而面向火星的BFR火箭发射有望在2022年实现，最终目标是在火星上建设自给自足的永久居住地。

不过，众所周知的是，马斯克先生领导的SpaceX和Tesla Motors并没能完成他们公布的目标。尽管如此，马斯克先生故意设定过高的目标并向外公布，这样能让公司员工和自己都保持紧张感，而且实际上也取得了可喜的成果（尽管没能如期完成）。

如果父母不知道世界上有这么厉害的人物，那么他们能给孩子讲述的人生就很有限，就无法激发孩子的探究心，从而限制了本应无限拓展的未来的可能性。

为了防止出现这种情况，**父母应该向孩子展示更为广阔的世界**。按理来说，让孩子与埃隆·马斯克这样的人实际见面才是最好的，但毕竟太难做到，所以也可让他看埃隆·马斯克的演讲视频，若无其事地告诉他：“世界上还有这样的人哟。”

虽然不知道孩子看完视频会有什么想法，但至少会意识到：目前自己所处的世界并不是全部。

另外，制造机会让孩子与各种人接触，也是大人的职责。

我小时候，当地的孩子几乎全都参加了“儿童会”。听说现在不参加的人越来越多了，但“儿童会”是个跟学校不一样的共同体，可以和自己家附近不同年龄的孩子及其家长进行交流，在这里可以接触到一些在别处无法遇见的人。

孩子平时接触的大人，不外乎自己的父母和学校、补习班的老师、亲戚等等。但在“儿童会”却可以接触到各种各样的大人，学到很多东西。

聆听大人们谈话时，孩子会意识到：“爸爸妈妈总是说这样的话，但某某同学妈妈说的却完全不一样。原来还有这种思考方式呀。”或是“他说的和我爸妈说的有点像呢，也许这个想法是正确的吧。”无论是听从哪一方的意见，都可以看到社会和大人世界，看到各方面的各种意见。

这是一个很好的机会，让自己不再固执于自己的狭小世界和想法，了解到世界上有各种各样的人，有各种各样的意见。

不过，仅仅是“儿童会”的话，因为大家住在同一地区，有很多共同点，有时容易造成偏见。所以，**建议大家也可以尽量带孩子去那些有不同背景的人聚集的地方。**比如，父母参加的志愿者活动、父母所在公司主办的活动、兴趣小组的聚会等等，应该有很多的。

从孩提时代起就与各种各样的大人（不管是不是值得尊敬的人）或孩子接触，能学到在学校和书本以外的教养和知识。即使对方是不值得尊敬的人，也完全可以把他当作反面教材。

在这个时代，所谓“妨碍学习的东西”逐渐显现出价值。

落合阳一先生兼有研究者、筑波大学副教授、媒体艺术家、实业家等多重身份（演讲时列举的头衔平均达到14个），在各项领域崭露头角。他的父亲落合信彦先生是国际政治记者，同时也是小说家。

正如前文所述，前几天，我有幸与落合阳一先生交谈。我问他：“你从父亲那里学到最重要的东西是什么？”他的回答令我非常意外。一般来说，大概会是关于“国际形势和新闻工作，或读书、写文章”之类，但落合先生却说：“是葡萄酒。”

落合信彦先生是葡萄酒收藏家，落合阳一从小就听父亲讲过许多关于葡萄酒的知识。到了能喝酒的年纪，他试饮过许多葡萄酒。落合阳一先生追忆往事，说道：“父亲对我最好的教育就是葡萄酒。”虽然他现在的工作和葡萄酒没有直接关联，但对于每个孩子来说，小时候吸取的养分是各不相同的。

我想说的是，对一个孩子来说，什么东西会对他将来有用是“无法预料”的。所以，尽可能把各种东西摆到孩子面前，这点很重要。然后，尽可能让他多去尝试和体验。

就比如说，把容易吸引孩子兴趣的玩具摆在他面前，让他自己挑。大人只能做到这一点。提供什么东西都可以——书，漫画，图画，或者让他尝试和体验，或者带他去旅行，都是可以的。

比如，全家去夏威夷旅游。也许有的家长认为：“这只是休闲度假，并不能激发孩子的探究心。”也许有的家长觉得：“去看世界遗产比去夏威夷能学到更多东西。”……其实，在哪里、能学到什么是因人而异的。

去到夏威夷，欣赏了当地的草裙舞，可能会对传统文化产生兴趣，或者对不同于日本植被的夏威夷的独特植物产生兴趣……这些是大人完全无法预料的。所以，要尽可能多地向孩子提供各种东西，即使跟学习没有直接关系也无所谓。

在家里多挂一些“好奇心的钩子”

我父亲喜欢古典音乐，家里有很多古典音乐的唱片。在那些收藏品中，我第一次自己选来听的，是阿尔弗雷德·布伦德尔演奏的贝多芬钢琴奏鸣曲。

当时我还没上小学，但至今仍然记得一清二楚。至于为什么选了布伦德尔弹的贝多芬，如今我已想不起缘由。但如果家里没有那张唱片，我当时肯定听不到这首曲子。不知道是不是受了这张唱片的影响，我至今仍然很喜欢古典音乐。

不过，至于是不是“只要把古典音乐CD放在那里，孩子就会喜欢上古典音乐”，似乎也没这么简单。而且，也不见得喜欢古典音乐的孩子会比喜欢流行音乐的孩子成绩好。

我认为，重要的是，家里要有很多可供选择的东西，要激发孩子的好奇心。

教养就像人生的腐殖土，若非把各种要素混合在一起，就无法做到探究式学习。因为探究需要综合能力，而接触各种各样的人绝对比“纯粹培养”更有好处。

在传统的教育里认为“会妨碍学习，不能对它感兴趣”的东西，越有可能在今后的时代成为探究课题。例如，假设对电影《神偷奶爸》系列和它的续集《小黄人大眼萌》中多次出场的小黄人这个角色产生了兴趣。这是第一阶段。

接下来，想着要“自己画个原创角色”，动笔画起来。在这个过程中，查阅世界各地的神话，研究至今为止发表过的各式各样的作品，思考它们大受欢迎的原因，在对人进行观察的基础上设计角色性格……这一系列行为，能加深和提高探究心。

画漫画，设计角色——这些一直以来被认为会妨碍学习，只有不喜欢学习的孩子才对此感兴趣。然而，如今“设计角色”和“市场调研”已经成了响当当的职业。正如前文所述，在如今这个瞬息万变的时代，许多传统职业逐渐消失，同时也出现了许多崭新的职业。在这个时代，以往人们眼中的“消遣之物”，或许会变成“探究”课题，甚至变成将来的职业。

比起父母的教育方法，孩子的成绩更取决于“所在团体”

人们经常说，孩子的成绩和性格取决于家庭教育。比如“满怀爱意地拥抱孩子，他就会变得性格温柔”“睡前读书给孩子听，他就会变得热爱学习”等等。人们还经常说：向孩子传授教养和知识，并把他培养成将来能在社会上立足的人——这些都是父母的职责所在。也就是说，人们经常把“父母的教育方法决定了孩子的将来”这种观点挂在嘴边。

这究竟是不是真的呢？

事实上，有一位名叫朱迪斯·里奇·哈里斯的美国教育研究者，就对“孩子的将来取决于父母的教育方法”这种观点提出了异议。

她于1998年出版了《教养的迷思》（日文版于2000年由早川书房出版）一书，提出“父母在教育孩子方面的努力几乎没用”，驳斥了“孩子成长为什么样的人，责任全在父母”这一观点。这本书一直畅销至今。

哈里斯在书中谈到：“对孩子的性格和成绩起决定性影响的，

不是父母，而是所在的团体。走出家门的孩子，在与同伴交往的过程中，逐渐掌握社会规则和自身的性格属性。”

哈里斯举了一个例子，说起自己学生时代在美国马萨诸塞州剑桥城寄宿时的往事。寄宿地点的房东是一对俄罗斯夫妇，和他们的三个孩子生活在一起。夫妇二人之间以及对孩子都用俄语交流。因为他们俩的英语都不太好，带有浓重的俄罗斯口音。

然而，他们的孩子却能说一口标准的英语，能和附近的孩子一样流畅地用波士顿·剑桥城当地口音的英语进行交流。甚至连外表也和附近的孩子很相像，和普通的美国孩子没什么区别，看不出是外国人。与之相比，不知是服装的原因，还是身形容貌的关系，夫妇二人总带有一种挥之不去的“俄罗斯味儿”。

像这样，移民家庭的孩子们，尽管不能跟从父母学习当地的语言和习惯，却也能迅速地掌握。

此外还有下面这样的例子。在英国富裕家庭出生长大的男孩，满八岁就要被送到寄宿制的学校去。除了放长假回老家以外，平时根本见不到父母，之后的十年都将在学校度过。

尽管如此，从寄宿学校毕业时，他们都学会了一身英国绅士做派。他们那种上流阶层的说话口音和行为举止，与其父亲别无二致。而他们的父亲几乎并没有管过儿子。

哈里斯认为：**比起自己的父母亲，孩子更把同班同学和玩伴视作与自己同等之人，改变自己的行为举止以适应团体。而这对个人的人格形成产生了决定性的影响。**

对于哈里斯的主张，人们看法不一。不过，我也认为，“孩子的性格和成绩只取决于某一个因素”（哈里斯指出的是父母的影响）这种观点未免有些极端。

孩子在成长过程中会遇到父母以外的各种人，在外面遇到各种经历。所以，与其说孩子人格形成是由父母这根支柱所支撑，不如说是由人生中遇到的成百上千人支撑起来的才对吧。

为避免引起误解，我再补充两句。哈里斯从来没说过，来自父母的虐待和忽视不会对孩子的人格形成造成影响。前文提到的观点，是以家庭中不存在这种消极因素为前提的。

另外，她也没说父母无法为孩子做任何事——父母可以为孩子提供更有利于成长的学校或住处等地域环境，以帮助他们在众多好孩子的环境中成长。

而且，父母还能通过家庭环境和亲子的人际关系对孩子产生影响。

或许可以这么说：孩子与广阔的世界接触，并最终摆脱父母的影响力——这正是为人父母的最大快乐。

孩子自己给兴趣爱好设定标准

前文说过哈里斯的观点："对孩子的性格和成绩起决定性影响的，不是父母，而是所在的团体。"

不过，当孩子长大到一定程度后，一般都会在初中或高中阶段意识到"自己内心的标准"。他们不再因为朋友或老师说了什么就盲目接受，而会注重自己感到好玩的、有兴趣的东西，即便这些东西在别人看来是毫无意义的。

自己内心有原则标准的人，遇事会表现得比较坚强。不管周围环境和状况如何变化，也能够不被环境左右，自强不息地活下去。这份资质，在变幻莫测的今后的时代里，应该是一种非常有用的能力。

那么，应该如何培养自己内心的标准呢？

关键在于“专注”。专注分两种：一种是专注于老师、父母吩咐和要求的事情；另一种是主动地专注于自己感兴趣、自认为有价值的事情，尽管别人并没有要求自己这么做。

自己主动专注的对象，既不是学校布置的家庭作业，也不是父母布置的课题，所以完成后也得不到任何人的夸奖。然而，比起在别人要求下完成任务而得到的夸奖，还是自己决定做并且完成更能给大脑带来愉悦感。

把这种自己主动专注于某事的行为变成习惯，一直保持下去，就能培养孩子的内心品质。

所以，不管在父母看来是多么无趣的事情，只要孩子自己感兴趣、专注于其中，就不要否定他。热心地支持和守护着孩子，孩子就会成长为独立自主的大人。

和“被动型学校教育”保持一定距离

能茁壮成长的孩子和其他孩子的区别之一，就在于是“主动型”还是“被动型”。能成长的孩子（具有“地头力”的孩子）首先是好奇心旺盛的，在开始探究式学习时能一下举出十几二十个研究课题来。

相反，停滞不前的孩子（不具有“地头力”的孩子）则很难找到研究课题。但不能因此就说这个孩子本身资质不行。之所以找不到研究课题，是因为他长期接受的是被动型教育。

在日本主流的学校教育中，基本不太注重如何独立思考、如何以自己的切入点探究问题，而是重在完成老师给的课题，注重死记硬背。大多数学生，直到进入大学后才第一次自己选择想研究的课题来写毕业论文。

虽然“地头力”无论到多大岁数都可以锻炼，但在这难以预料的时代中，还是需要尽早锻炼“地头力”，培养能够应对任何状况的能力。

最近，**很多“国际化学校”和“国际文凭组织认定的学校”从小学一年级就开始导入探究式学习**。

我看过一个孩子的成果发表会——他对自家周边的植物进行调查，把“日本原有的本地植物”和“外来植物”的分布情况在地图上标示出来。那个孩子好像才读小学二年级。从小就进行探究式学习的孩子，具有很强的独立思考能力，以后一定能茁壮成长。

以智能手机作为探究式学习的入口

在传统教育中，一般是上大学写毕业论文时才第一次进行探究式学习。但尽量从小学开始做起才是最好的实践。不过，具有“地头力”的孩子即使不在学校接受指导，也会自己找到探究课题，进行实践。

“探究课题”这个字眼似乎给人一种很高难度的感觉，其实不然。智能手机就是最容易进入探究式学习的入口。我一提出这点，大多数父母会回答说：“孩子老是玩手机，让人担心。”其实，只要善于运用智能手机，就能深挖出无数的探究课题。

例如，一台智能手机在手，不仅能编程，也能创作音乐，还能编辑视频……几乎无所不能。

2017年的芥川奖得主山下澄人先生，是居于北海道富良野市的编剧兼制片人，他还是由制片人仓本聪先生主办的“富良野塾”的第二届学员。据说，山下先生的获奖作品《新世界》（新潮社）是在电车里用手机写成的，理由是“因为不想正襟危坐地进行创作”。颁奖时，“用手机写出了芥川奖获奖小说”之事一时成为了热门话题。

不过，想必还是有不少父母认为：“用智能手机创作小说，那确实称得上是探究的工具；但如果只是用来玩游戏或聊天的话，就不能算是探究吧？”

确实，如果只是被动地使用别人提供的东西，那就不能算是探究。不过，即使是在现有的游戏中巧妙地运用智能手机，也完全称得上是在探究。

例如，在线战略模拟游戏。

以战争为题材，再现真实战斗场景（其中也有基于史实、以特定时代为题材的游戏）。数以百人计的玩家聚集在一起，在一款游戏里一决高下。玩家担任各种角色，有的是士兵，有的是指挥官。担任指挥官的玩家向几百名士兵下达行动指令，发起战斗。

这时，指挥官要进行模拟，考虑采取怎样的战略才能战胜敌人。这种模拟正是一种探究。这和企业经营战略有相似之处，所以，听说美国企业甚至会向在这款游戏中担任过“将军”角色的玩家抛出橄榄枝。

在美国，也有很多孩子上的是“家庭学校”（home schooling，不去学校上学，而是把学习地点设在家里），在家里玩战略模拟游戏。而且，他们中好像有不少是哈佛大学或麻省理工学院在职教授的孩子。

我有个美国朋友的孩子，小学二年级，也是在上“家庭学校”，沉迷于战略模拟游戏。而且，每天以“指挥官”身份调遣数百人的军队，演练战略。因为是在线游戏，其他玩家们恐怕不知道他们的指挥官竟然是一个八岁小孩。

对于父母来说，看见孩子整天玩手机游戏，或许会感到担心。但如今已经是手机万能的时代。你不妨这样想：**智能手机非但不会缩小孩子的可能性，反而是一种拓展可能性的工具。**

“你快～！”的命令会妨碍大脑的积极性

大脑有这样一个特征：一旦被人命令，就变得无法自主行动。

父母和孩子之间经常出现这样的对话。当父母看见孩子磨磨蹭蹭时，难免会大声命令：“你快吃！”“你快收拾！”“你快去洗澡！”“你快睡觉！”“别磨磨蹭蹭的，快去学习！”

孩子本来打算“再过一会儿就去做”，可是一接收到“你快～！”命令时，反而一下失去了干劲。其实，不光是孩子，谁都是这样。无论工作还是学习，不是出于别人的要求，而是因为“自己想做这个课题”，这样才会有积极性。

这是因为，人的大脑一旦感受到“被人命令”时，大脑就会被抑制，以前额叶为中心的“积极性的回路”就变得难以运转——脑科学也已经证明了这一点。

换言之，父母越经常发出“你快～！”的命令，就越打击孩子的积极性。

相反，如果是经常对父母的话言听计从的孩子，对父母来说倒是省心，觉得养了个乖孩子。但这样的孩子一旦习惯了大脑的被动模式，就再也不会主动地采取行动。

遇到什么问题时，因为已经养成了听从父母指示“该怎么办”的坏习惯，所以无论什么问题都要去问父母。总之，就是“无法独立思考”，这样就无法培养“地头力”。

为了避免变成这样，父母应该意识到“你快～！”这句话会伤害孩子的自立性。请不要用命令强迫孩子服从，而要激发他本人的积极性。

为此，**不要让孩子感到自己“被迫做”，而是“因为自己想做所以才做”**。无论学习还是兴趣爱好，无论做怎样的课题，只要不是被父母强迫的，而是把这当作自己的课题、成功地“内在化”，就能变得独立思考、主动行动。

所谓“内在化”，就是把“他律”变“自律”。不管是什么样的课题，都不把它当作别人的事，而是有意识地作为自己的事来采取行动。

通过这种“内在化”，就算没有父母或老师的指示，自己也能设想问题：“接下来该做什么呢？”“这个课题对自己的成长有什么意义呢？”……然后自己积极主动地行动起来。

孩子自己管理自己的时间

日本的学校授课模式，是老师站在黑板前，把当天该学的内容在六十分钟或九十分钟内讲给学生听。这种统一授课模式忽视了各个学生的熟练程度，对于已经掌握的学生和跟不上进度的学生都采取一样的方法。在此期间，孩子们听老师讲课、抄板书、回答老师的提问。

而在欧美国家，他们不实行日本这样的统一授课，不按学年决定年级和课程难度，而是采取符合学生各自水平的教学。授课形式为个别授课——每个人自主学习各自不同的课题，以这种形式为中心进行授课。个别授课具体像下面这样进行。

星期一的第一节课，各位同学决定本周的课题，确定全体的课题和每节课的任务。按照这些课题和任务，推进这一周的学习内容。老师就教学生不懂的地方，检查一下进展情况。星期五的最后一节课，则确认课题的实施进度，然后接续到下周星期一。大概是这样的流程。也就是说，基本模式是：学生可以按自己的进度学习，做自己决定的课题。

前几天，教育评论家尾木直树先生给我说了一件趣事。那是他去芬兰视察初中教学工作时的事情。参观数学课时，有个孩子把数学课题扔在一边，顾自画起了画。这时，老师走到他旁边说：“你是对画画感兴趣，所以正在学画，对吧？”

要换作在日本，老师肯定会批评学生：“现在明明是数学课时间，你怎么在画画呢！”然而，芬兰的老师却没有生气。孩子没被老师责备，突然醒悟过来，并获得思考的机会：“我刚才画画是出于真正的兴趣，还是在开小差呢？”他向自己提问，并自己做出判断：如果真是想学画画，那就继续画下去；如果只是开小差，那就进行自我反省，回到数学课上来。

结果，那孩子判断得出“自己只是在开小差”，随即向老师道歉，把心思拉回到数学课堂上。

老师之所以没发火，大概是因为他知道：**为了培养孩子的自主性，关键是要让孩子自己判断如何使用自己的时间。**

所谓探究式学习，其实就是自己拥有探究课题的自主性，自己管理自己的时间，完成课题。仅此而已。所以，习惯了重视孩子自主性的“欧美授课模式”的孩子，能比较顺利地开展探究式学习。而对于只接受过“统一授课模式”的日本孩子来说，则似乎比较困难。

一直以来，这样的“统一授课模式”还算情有可原——为了“追上欧美、赶超欧美”，社会需要大量能够按上司和公司的要求完成任务的人才。然而，我再强调一遍：能够在将来崭露头角的，一定是可以独立思考和探究的孩子。

要培养“不问父母，自己主动探索”的孩子

每当我见到学习好的孩子，心里就想：“他们会按照自己的进度来学习，知道适合自己的学习方法。”事实上，什么样的学习方法最合适，是因人而异的。学习好的孩子，了解自己的特性，确立了适合自己的学习方法。

当然，也可以参考学校或补习班的老师、参考书中所介绍的学习方法。但不是从中选一个方法强行套到自己身上，而是要从各种学习方法之中“取其精华”，找出适合自己的学习方法。

一开始，可能需要反复不断地摸索。在不断尝试的过程中，

终有一天会发现：“这就是适合自己的学习方法！”

关键是要学会“自主探索”。光靠父母或老师教是无法成长的。因为，只有自主探索才能找到完全适合自己的学习方法。父母要抑制住指手画脚的冲动，在旁边默默地守护即可。孩子本人也不能着急，要反复不断地进行摸索。

进一步说，如果满足于别人告知的答案，则偏离了探究式学习的精神。其实，在大多数情况下，对于孩子的疑问，老师姑且无论，父母的回答通常不怎么高明。我们首先必须明白这一点才行。

探究只能由孩子本人来做。

大脑机制是“受到赞扬就会变得干劲十足”

美国的学校经常给孩子们发“小奖”。

比如，有“扫地干净奖”“不迟到奖”“浇花奖”等。对于大人来说也许微不足道，但孩子们却会出乎意料的高兴。

这是因为，不仅是自己的努力得到了表扬，而且自己默默努力的样子也被老师看在眼里。这是很值得开心的事。

人的大脑的基本机制是：受到赞扬就会进步。

受到他人赞扬、做到了以前做不到的事、完成某个目标时，大脑内就会释放出与愉悦和快感相关的神经递质“多巴胺”。**大脑具有这样的特性：释放出多巴胺后，就想要重复刚才的行为。这叫“强化学习”，也被运用于人工智能的学习**。所以，在孩子努力之后，马上表扬他，就能激发他想要“继续努力”的干劲。然后，他会干劲十足地继续努力，从而不断地取得进步。

不过，赞扬时必须注意。

赞美对方本来就具备的能力或才能、容貌等，比如说：“你真厉害！”“天才！”“好一双苗条的美腿！”“你的鼻子真漂亮！”就不一定能收到效果。因为这些赞扬的话里没有令对方感到满意的信息。必须具体地称赞对方的努力才有效果。

此外，还需要注意：最好不要称赞限定性的内容。例如，不要只称赞“在校成绩提高了”或“获得游泳比赛第一名”这些“一目了然的成果”。当然，称赞这些也不是不行，**但最好是着眼于这孩子“和以前相比进步了多少”**。

称赞的内容即使是大人觉得微不足道的事情也没关系。比如，能按顺序背下附近铁路沿线的站名，能记住很多口袋妖怪的角色名等等。这种时候，请不要对孩子表现出冷淡的态度，不要说“记这些东西有什么用”，而要真心地称赞说：“你真厉害，记得这么清楚。”因为，孩子是做到了之前做不到的事情，自然会释放出多巴胺，变得更有干劲。

赞扬的时机非常重要。

那么，怎样的时机是最好的呢？

要细心地观察孩子，在孩子某次挑战成功的“那一瞬间”赞扬他。为此，你必须时常认真观察孩子的行为。对于孩子来说，也会感受到“父母一直在守望着我”。另外，如前所述，在成功的那一瞬间受到赞扬的话，就会释放出多巴胺。于是，大脑的神经回路得到强化，从而变得更加发达。

如何培养出主动学习的孩子

要想培养出主动学习和探究的孩子，父母与其热衷于教育，倒不如**“一边守护孩子，一边放任自由”**为好。

为什么这么说呢？因为，父母如果热衷于教育，难免会通过读书、上网、从熟人朋友处获取信息等方式搜集信息，并灌输给孩子。这样一来，一不小心就容易发出指示，说“想提高成绩就应该如何如何”，或者用更强烈的语气命令说“你要～！”

习惯了接受父母的命令或指示的孩子，最终会丧失独立思考和行动的能力。作为父母，本来是为孩子着想，结果反而剥夺了孩子的自主性和好奇心，使其变成只会看父母脸色行事的胆小之人。

另外，一味接受父母命令或指示的孩子，即便有什么疑问也会立马跑去问父母，而不再自己进行探索，甚至已经提不出疑问。

孩子本来充满了好奇心，头脑中经常会问“为什么？”——这其实是与探究心密切相关的。家喻户晓的伟大发明家爱迪生，从小就是个好奇心旺盛的少年，经常“为什么、为什么”地问个不停。

爱迪生上小学后，仍然不停地问“为什么、为什么”，有时还向老师反复追问。没过三个月，就因为“妨碍上课”的理由而被勒令退学了。

于是，曾经当过教师的母亲就在家教爱迪生学习——类似于现在的“家庭学校”吧。据说，母亲对于爱迪生提出的一个个问题，都尽可能详细地解释给他听。如果遇到自己也不懂的地方，就和爱迪生一起查。可见，爱迪生的母亲非常重视他提出的“为什么”。

我再强调一次：孩子提出的“为什么”可以激发探究心，拓展孩子的可能性。因为，**解答“为什么”的过程，能够培养孩子的独立思考能力和探究心。**

我在前文说过，要做“不问父母，自己主动探索”的孩子。但像爱迪生那么小的时候，接受父母指导也无可厚非。不过，爱迪生的妈妈毕竟做过教师，所以和普通的父母不同，在指导孩子时更像一位老师。

而且，当她遇到自己也不懂的地方，就和孩子一起查。在这种时候，两人之间与其说是“教与被教”的关系，不如说更接近于同伴关系。渐渐地，爱迪生对科学产生了兴趣，碰到母亲教不了的化学和物理学的知识，他就去图书馆自学。就这样，爱迪生成了一个“碰到疑问就能自己调查、自己学习”的孩子。

孩子还小的时候，如果来问你问题，不妨和他一起调查吧。这样的话，会使孩子不一味依赖父母，而是学会独立思考，然后开始主动学习自己感兴趣的内容。当顺利地完成自己定下的目标后，多巴胺开始循环，产生一种成就感和愉悦感。

是在父母和老师的命令下“被迫地做”，还是“因为自己想做”所以才以此作为自己的课题——二者截然不同。如果是“因为自己想做”，那么学习和探究都不再是痛苦，反而会变成乐趣。这样一来，不需要父母喋喋不休地念叨，孩子也能主动学习。

尽管如此，还是有很多家长感到怀疑：“可能没这么简单吧？”那我再介绍一个秘诀。

——问孩子“怎么办”，让他自己做决定。想要他学习的话，就别说“你快去学习！”而是问“今天的作业是什么？”“今天从哪里开始做起？”等等，“诱导”他行动。

人这种生物，一旦被别人命令，就会失去积极性。所以，应该反其道而行之，让他本人意识到“是我自己决定的”，这样才能提高其积极性。

由16万名受访者的调查问卷可知：家里有多少本书将决定学习成绩

我小的时候，父母从来没有对我说过“你快去学习”，也没有说过“你快去上补习班”。所以，虽然我是自觉主动地学习，但我既没上过补习班，也没请过家庭老师。

我父母的教育方针，是充分相信孩子的自主性。不过，他们也曾经在我感兴趣的事情上为我提供帮助——如前所述，他们把我这个曾经喜欢蝴蝶的少年领进了日本鳞翅学会。

另外，父亲在家里收藏过大量古典音乐唱片和书籍。我小时候瞒着父亲偷偷地听他的唱片，读他的书。我想，正是这份经历造就了现在的我。

接下来，我想介绍一篇已经发表的有趣的学术论文。它让我感觉到：家庭环境尤其是父亲的那些藏书确实对我有潜移默化的影响。

2018年秋，学术杂志《社会科学调查》上发表了一篇和“书”有关的有趣的调查结果。那是澳大利亚国立大学和美国内华达大学的研究人员做过的一次调查。他们于2011 ~ 2015年间，在31个国家和地区，以“国际成人能力评估调查”为题，调查分析了年龄在25 ~ 65岁之间的16万受访者的数据。

其结果显示：“16岁时家里的纸质图书数量，与成年后的读写能力、数学基础知识、IT技术水平成正比。”对数据进行分析之后，研究人员们说：“小时候在自己家里接触图书，能够提高事物认知能力，受益一辈子。”

问卷调查中，先是询问受访者16岁时自己家里有过多少本书，然后请对方做读写能力、数学、信息通信技术的测试。结果发现，在几乎没有藏书的家庭成长起来的人，读写和数学的能力低于平均值；家里藏书越多的人，测试得分越高。家里藏书大约80本书的，测试结果达到了平均分值。不过，藏书超过350本以后，书的数量和测试结果就逐渐看不出成正比的倾向了。

结果还显示，**“在书香环境中长大的初中毕业生”与“在无书环境中长大的大学毕业生”的学习能力基本相同。**根据调查，即便是最终学历为初中毕业程度的人，如果他是在书香环境中长大的，那么他成年以后的读写能力、数学、IT能力，与在基本无书的家庭长大的大学毕业的人大致相同（二者均为全体的平均程度）。由此，研究者们表示：小时候接触书，对于读写和数学的基础知识有着许多教育层面的好处（《新闻周刊》日本版2018年10月18日报道）。

这个调查结果的有趣之处在于，因家里藏书多而得到提高的不只是人们预料之中的读写能力，连数学能力也会强化。我想，这可不是“小时候多读书，长大后会读写”那么简单的事。

另外，无论是否读了家里的书，效果不变。也就是说，这不是“多读书就能提高学习成绩”那么简单的事情，**而关键在于“孩子们经常看见父母或其他人置身于书堆中的样子”。这是研究人员得出的结论。**

老话常说：“父母最重要的是言传身教。”我想，家里的众多藏书就是一种“身教”吧。孩子会以自己家里的情况作为“常态”的基准。看着父母平时读书和学习的身影长大的孩子，会以为“其他人家里的大人也在学习”。相反，父母经常看电视的家庭，孩子也会觉得那就是大人的标准。

家里如果有许多书，就算孩子根本不看，他也会认为这就是大人的常态，所以自己也变得主动学习。

为此，父母必须树立“榜样”意识——多买书，让孩子看到自己学习的姿态。

第 4 章

锻炼“超地头力”的五个习惯

4

1 探究心的锻炼方法

我在前言中谈到了“地头力”。所谓”地头力”，是指运用自己头脑进行“思考”和“探究问题”的能力。在本章，我还想进一步将可应付传统考试的“地头力”定义为“超地头力”。如前所述，在一直以来的日本教育中，基本没有实行过培养“地头力”的教育（即探究式学习）。即便是现在，除了一部分重点中学外，现状可谓是一成不变。

因此，即便告诉孩子今后的独立思考和探究能力将变得非常重要，要他们找课题进行探究，大部分孩子也不知道应该做什么、怎么做，就好比突然被抛进了汪洋大海一般。

鉴于此，我打算在本章中就锻炼“超地头力”所需要的具体内容和形式，给大家传授五个学习方法。首先介绍第一个，作为探究式学习的入口绝对需要的——找到能激发自己好奇心或能使自己沉迷其中的方法，以及加深探究心的方法。

如前所述，一开始实行探究式学习时，很少孩子有明确的目标——比如说“我想探究这个”“我一定要探究这个课题”……所以，首先需要从培养探究心开始。

● 让孩子回忆小时候的事

找不到探究课题的情况下，有多种解决方法，其中有一个是“让孩子回忆小时候感兴趣的事”。

小时候有过许多“初体验”。对于见到的东西和接触到的东西，每天都会感觉到紧张和兴奋。手里握紧零钱，一个人跑到邻街去买东西的“大冒险”。一个人乘坐公交车，出神地眺望着车窗外那一排排陌生的店铺，感觉好像误入了另一个世界。映入眼帘的事物每一件都那么新鲜，刺激着自己的好奇心。同时，也感到了不安和恐惧，担心自己能否平安回到家……

抱着这样的不安感结束冒险之旅，安然无恙地见到自家所在的街道景物时，心里松了一口气，激动得几乎掉下眼泪。即便如此，孩子对于从未见过的未知事物充满了兴趣、好奇心和挑战精神。在多个“第一次”的时而绕远路、时而失败的过程中，孩子的大脑逐渐成长起来。

然后，兴趣、好奇心、感动、小疑问会转变成“这是为什么？”“我还想知道更多”的求知欲，不由自主地开始探究。

以我自己为例，我小时候对蝴蝶很感兴趣。我从小在郊外长大，自家附近的神社和森林里栖息着大约50种蝴蝶。我为它们的美丽而感到着迷，经常追赶它们。在追赶蝴蝶的过程中，我惊讶于生命竟如此丰富多彩，渐渐对其产生了兴趣：它们为什么会在这里？是什么让它们存在于此？

每个人只要回忆起小时候的事，就一定能发现曾让自己沉迷其中的、感兴趣的东西。好奇心和热情不是什么稀有之物，而是谁都拥有的平常之物。

以孩提时代的兴趣为契机，找到自己现在想要探究的课题，这也不失为一种手段。

● 在与他人的相遇中培养探究心

如前所述，由于我对蝴蝶太过沉迷，上小学前，母亲带我认识了住在附近研究蝴蝶的大学生哥哥。

人类的大脑真不可思议，就算加深兴趣的契机是来自外界（对我而言是来自母亲），可一旦被其魅力吸引，就会产生想了解更多的强烈欲望。

我虽然通过认识那位大哥哥进入了蝴蝶学会，但说实话，那时我还是个孩子，并没能全部理解学会上讨论的话题内容。不过，光是听着就已经是一种莫大的刺激，我至今仍对此记忆犹新。因为，参加学会的各位人士都拥有丰富的知识，让我这个对蝴蝶所知不多的孩子难以望其项背。

我听着大人们的交谈，学到了“人外有人，天外有天”的道理。而且，在自己的大脑中产生了“想了解得更详尽！想接近更高层次！”这样非常单纯而强烈的探究欲。研究蝴蝶的大学生哥哥，日本鳞翅学会的大人们——与这些未知的人们相遇，成了我找到探究课题的关键。稍有点与众不同的孩子，会感受到被人们试图拉回到“平均”的“同化压力”，而我也从中得到了解脱，这点尤其重要。通过参加学会，我获得了“跳跃的自由”。

就算是某一次机会也好，也要和大学者或知识渊博的人产生交集。这样能加深自己的兴趣，而这是仅凭自己学习所无法获得的。

● 人因Serendipity（机缘）·而改变

为此，父母要督促孩子去行动。例如，可以让他去跟正在从事他想做的研究的人见面，或者通过读书有时也能遇到感兴趣的东西。

我们把遇见偶然的幸运的能力称为“Serendipity”（机缘）。Serendipity会以“行动”“觉察”“接纳”的顺序来访。换言之，首先要多行动。待着不动，幸运不会主动来敲门。

这个时候的行动不需要什么理由，只需要行动起来就行。比如，以蝴蝶（A）为目标采取行动后，接触到了生物进化学的权威（B）和爱因斯坦般（C），这就是Serendipity。说得极端点，A是什么根本无所谓。在A和B、C之间，有没有相关关系也无所谓。总之最重要的是行动起来。

虽然一开始是以A为目标，但到达B或C后，还必须觉察到自己所遇之物的存在和意义。难得遇到美好的事物却没有觉察到，那样是无法得到这份偶然的幸运的。

为了能够觉察得到，你需要留意自己视野周边的事物。如果过分专注于目标A，就不会关心A以外的事情。也许自己的幸运就在B或C的地方，却与它擦肩而过。所以，作为最初行动契机的A可以是任何东西。当然，把A视为目标的话就那样径直朝着A行动也行，还可以更加灵活地将探究课题从A转变为B或C。

为了得到Serendipity，必须去接纳所遇之物。难得有了偶然的相会并觉察到了它，却没能接纳它，那还是毫无意义。相遇，能够改变自己以往的人生观和价值观。

人有时会害怕改变现状。正因如此，如果不具备接纳、改变的勇气，就得不到那份遇见自己真正要探究之课题的幸运。

● 探究就隐藏在平时的生活中

我每天早晨有在自家附近跑步的习惯。在晨跑这种平时的生活中，也时常隐藏着探究的种子。

初夏的某一天，我像往常一样在公园跑步时，发现了一株风铃草的花。风铃草是广泛分布于各地的平地到山地之间的多年生草本植物。从初夏到夏季上半期，茎上会开很多吊钟型的花朵。

发现那株风铃草时，我冒出了一个疑问。

通常，风铃草的花在日本东部多为紫色，在日本西部多为白色，这已成定论。可是，我在东京的花园见到的风铃草却开着白色花瓣。

“为什么日本东部的花园里开着白色风铃草呢？”“话说回来，风铃草的花瓣颜色是以从哪里到哪里为东西分界线的呢？”“除了风铃草以外，还有其他花也是东西颜色不同的吗？”……从各种角度出发，浮现出许多疑问。

像这样从平时的生活中产生小疑问，想要去追求问题的答案——有时这就是探究的契机。所以，只要细心地度过每一天，你也能从路旁开放的花朵中发现想要探究的课题。

利用大脑的特质促进多巴胺循环

我在第一章就“多巴胺循环”作了解说。

人类的大脑有一种功能：在分泌多巴胺之后，会详细地记忆此前做了什么行为，一有机会就试图再现那种快感。大脑的特质是：进行某项行为后，释放出多巴胺，就能强化那种行为。换言之，大脑得到多巴胺这种报酬后，变得想要再现并重复那项令人愉悦的行为。结果就是对那项行为越来越熟练。

前文提过，小时候父母从来没有对我说过“快去学习”。其实，是我在他们开口前就自觉主动地去学习了。这是因为，学习实在太有意思了。

当然，我并不是从一开始就觉得学习有意思。主动学习的契机，是对于感兴趣之物（比如蝴蝶）“想了解更多”的求知欲。

然后，在调查蝴蝶的过程中派生出对理科或数学、语文等学习科目的兴趣。一开始是在反复摸索中学习，一旦解答出某个问题或是被老师夸奖了，自己内心就会喜不自胜，越学越觉得快乐，甚至可以说是一种快感。就这样达到“学习使我快乐→快乐令我学习”的良性循环。

现在想来，那就是“多巴胺循环”。

找到喜欢的事物，沉迷其中，获得成就感。具体的对象因人而异。通过多次重复这一过程，可以逐渐形成多巴胺循环。

不管是否有用，总有一种东西能引起你的兴趣（漫画或游戏都行），谁都不例外。所以，我建议从这里开始探究。一开始，探究不一定很顺利，但在反复摸索的过程中可能就会获得成就感。只要获得成就感，大脑就会释放多巴胺，得到快感，变得想要重复那项行为。这样，无数次的重复终能使你走进深入探究的世界。

2 坚持力（毅力）的锻炼方法

听到“超地头力”这个词，许多人可能想到“天生头脑聪明”或“感知力和天赋”等词语。你大概是以为“成功人士都是有天赋的”“不管怎么努力也比不上有天赋的人”？

然而，最近这条常识正在被颠覆。

宾夕法尼亚大学教授、心理学家安杰拉·李·达克沃斯经过长期研究，在2013年举办的TED大会（举办并发布由全世界名人主讲的各种演讲会的非营利机构）上提出了“毅力”（grit）这一概念，受到世人瞩目。

毅力，是成功人士都拥有的能力，与智商高低及学历无关，甚至也不是外形或体能上的差距。

那么成功和什么有关呢？答案是“面对困难的坚持力”“热情投入的坚韧度”。

毅力，是朝着梦想和目标持续努力，并非一个星期或一个月的短暂时间，而是长年累月地持续努力，实现梦想和目标。不是短跑，而是长跑。

我们知道，毅力（=坚持力）是可以通过后天培养的。

脑科学理论也支持这一观点。持有达成目标的强烈意志，坚持不懈，这在大脑里是前额叶掌管的能力。众所周知，前额叶是青春期过后依然继续发育、在人类的生长过程中成熟得最迟的地方，是大脑当中最适合进行后天训练的地方。

接下来我想给大家讲讲锻炼“超地头力”的第二个方法——培养坚持力的方法。

● 要实现成功，并不需要天赋和高智商

安杰拉·李·达克沃斯表示，毅力是和成功关系最为密切的因素。一个人成功与否，不看与生俱来的天赋，也不看智商高低，而是取决于是否有心怀热情持续做某事的能力。

达克沃斯意识到这一点的契机，是这样一件事。

她27岁的时候，当时在纽约市内一家公立学校，教7年级（在日本是叫初中一年级）的孩子数学。她调查了成绩最好和最差学生的IQ，发现几乎看不出二者的不同。

有的IQ值低的孩子反而考了高分，相反，有的孩子IQ值高，考的分数却很差。从这次经历中，达克沃斯意识到：决定考试分数的因素，或许跟IQ值无关，而是和长期顽强地专注于学习的能力有关。

智商测试需要对问题尽快作答，就算它能测试瞬间理解能力，却测不出是否具备对某个问题坚韧不拔的专注力。而人生中成功的重要因素，就是只有花时间细心地投入才能学到的东西，且存在于IQ测试测不出来的那部分能力之中。

意识到这一点后，达克沃斯告别了教育现场，进入研究生院

学习心理学，成为心理学家。她为探寻成功秘诀做了四个调查。

第一个调查的对象是，美国陆军士官学校。她预测了能忍受严格军事训练而留在学校的入伍兵，和坚持不住而中途退学的入伍兵。

第二个调查的对象是，全美拼字比赛（比赛拼写英语单词的全美大赛）。她预测了哪位学生将获胜。

第三个调查的对象是，处于严酷劳动环境中的教育现场。她预测了哪些老师能坚持到学年末不辞职，其中哪位老师最能给学生带来好的影响、发挥学生个人能力。

第四个调查的对象是，一般企业。她预测了哪位销售负责人能在竞争中笑到最后，哪位销售负责人创造最高销售纪录。

对这四个各不相同的调查对象的研究结果显示，取得成功的人们所共有的性质是：对于某个课题不屈不挠、长期热情不减的坚持力——“毅力”。

● 培养毅力的关键

马拉松运动员有森裕子女士因在巴塞罗那和亚特兰大连续两

届奥运会中赢得奖牌而名扬天下。有森女士的成功，其背后也是因为“毅力”。

据说，有森女士高中时期曾被田径队教练批评为“没有天赋”，不同意让她入队。而她却有一种“非要从事田径不可”的决心，不让入队就经常跑到教练出行的地方露面，一次又一次地自荐，直到最终得到批准。

进了大学，有森女士的记录仍旧平平无奇。大学毕业后，她也是有点死皮赖脸地才进了小出义雄教练率领的队伍。

长年没有出成绩的有森女士，虽然运动记录不尽如人意，但却一直坚持不懈，最后在运动员生涯中取得了巨大的成果。从这层意义来说，有森女士毫无疑问是“有毅力的人”。

毅力受到关注是最近的事。不过，现在回想起来，成功人士中具备毅力的例子似乎非常多。

活跃于19世纪末至20世纪初的法国画家亨利·卢梭，因其创作的“热带丛林景致”和“睡在沙漠中的女郎”等幻想式风格而出名。他在巴黎市当了二十几年海关税务员，是只在周末创作的业余画家。卢梭的作品得以问世，要归功于巴勃罗·毕加索偶然发现了他的才华。

当时用于绘画的油画布价格不菲，所以经常有人把用过的画布全部抹上白颜料，当作新的画布来卖。毕加索见到被出售的卢梭的画作时，为其如此出色而感到震惊。

毕加索发现他后，又过了一段时间，卢梭才作为画家而得到认可。证据就是，卢梭的大部分代表作是他从海关退休后的五十多岁时画的。这么长的时间里，尽管没能作为画家被认可，卢梭还是一边工作，一边相信着自己的才能，孜孜不倦地作画。我想，这是因为他具有毅力的缘故吧。

发现了相对论的爱因斯坦，大学毕业后没能如愿当上大学里的助手。之后，他在专利局从事和物理学毫无关系的工作，但却没有放弃建立时空理论的梦想，一直坚持写论文。说起爱因斯坦，通常给人一种超级天才的形象，但他成功无疑也离不开毅力。

毅力，被认为比所谓的天赋更强大，与人的成功密切相关。即使被人否定和贬低，也仍然坚持不懈。这样的顽强，最终必将取得成功。

所以，为了培养孩子的毅力，首先要明白：“智力不是与生俱

来的固定的东西，而是后天的、可以通过不断努力而改变的。”

这一观点是斯坦福大学卡罗尔·德韦克博士提出的。在德韦克博士的实验中，她教导孩子们：“智力不是与生俱来的东西，可以通过不断挑战和努力而无限提升。”之后让他们解答难题时，孩子们面对难题也不再害怕失败，而是自觉主动地尝试挑战。

大人可以做的，是告诉孩子：不要怕失败，要勇于挑战，把从失败中学到的东西运用到下一次挑战中去，不管跌倒多少次都能爬起来。为此，提升孩子动力并创造学习环境也十分重要。

● 如何提高“控制欲望”的能力

还有一项重要能力和毅力有关联，那就是“控制欲望”的能力。

关于控制欲望，美国心理学家沃尔特·米歇尔设计过一个有名的实验，叫“棉花糖实验”。

这是个怎样的实验呢？他把作为实验对象的小孩喜欢的棉花糖放在他们面前，调查这些孩子能忍多久。实验人员告诉孩子：“从现在起直到我回来的15分钟内，如果你能忍住不吃棉花糖，我就给你双倍奖励。”然后离开了房间。

之后，他们对参加过实验的孩子们进行跟踪调查，发现了有意思的事情。实验结果显示，等待15分钟获得了双倍棉花糖的孩子，他们将来成绩优异、在社会上取得成功的概率会增加。

自己有欲望的时候，暂时抑制欲望，把从欲望中得到的满足感推迟——这一能力对人生的成功有着重要意义。因为成功所需的是长期的努力和奋斗，在获得成功之前必须忍耐。

换言之，控制欲望是为达成目标而不可或缺的要素之一。

那么，应该如何控制欲望呢？

从大脑的特性考虑，对“支配的我”和“被支配的我”这两个“我”进行锻炼是有效的。

人类的大脑中，前额叶皮质上有控制人体的部位。这里相当于进行决策的“我”的中枢。人分为“支配的我”（前额叶皮质）和“被支配的我”（前额叶皮质以外）这两个部分。

比如，假设你决定“看英文原版书”。这时，作出看英文原版书这个决断的“支配的我”就在前额叶皮质。看英文书对第一次的人来说，肯定得边看边查字典吧。但是，一旦将“支配的我”

作出的决断付诸实行，英语能力就能得到锻炼。坚持把英文书读下去，大脑中与英语处理有关的神经回路就能得到锻炼，英语能力由此得到提升。而由于作出“看英文原版书”这一决断的“支配的我”的作用，“被支配的我”也将发生变化。

读英文书虽然是件苦差事，但痛苦、想放弃的感情被“支配的我”花时间驯化后，“支配的我”得到成长，能够越发熟练地控制“被支配的我”。于是，就能很好地控制欲望。

不过，这里想提醒你注意：如果一味等待他人指示，“支配的我”就无法成长。

学习本来是要凭自己的意志决定做不做的，但学校一布置作业，就产生了“不得不做作业”的强制力。于是，在遵从他人命令的过程中，“被支配的我”得到锻炼，“支配的我”却不会成长。

本来，所谓毅力，就是自己找到课题、面对困难和失败也要自己控制自己、实现目标的能力。换言之，自己内心“支配的我”和“被支配的我”二者缺一不可。

这时候，不如把强制性的课题替换为自己的课题，以此来培养“支配的我”吧。课题的内容虽然无法改变，但“什么时候做”

却是可以自己决定的。首先，要凭自己的意志决定“做什么、做多少、何时开始”。

这样一来，想到“为了和朋友出去玩，在一小时内做完作业吧！”把别人的课题变成自己的课题。只是通过分配时间，就能对课题负责，使“支配的我”得到成长。

● 为了培养毅力，不需要完美主义和干劲

关于毅力（=坚持力），最重要的是养成习惯。

妨碍养成毅力习惯的两只拦路虎，是“完美主义”和“干劲”。

先说说完美主义吧。

完美主义者总是试图整理出一个能够完美坚持的环境。他们经常这么想：“为了坚持，不能去动别的东西，别东张西望，专心干一件事吧！”“为了专心，拒绝朋友的邀请吧！”“别谈女朋友吧！”

可是，要做成一件事，有可能需要几年时间。如果连续几年拒绝朋友邀请的话，到头来该没朋友了；不谈女朋友的话，没准

就打一辈子光棍了。那也太孤独了吧?

只专注于一件事，就有可能错过其他好的想法。所以我觉得不必太勉强，也没必要顽固地认为“我就要专注于这件事！”。

另外，如果你企图完美集齐满足坚持的条件，那么，一旦有一个条件不达标，你就没办法坚持，所以会造成适得其反的效果。

完美主义者喜欢在自己内心定规矩。比如，他决定“每天记10个英语单词！”。可是因为太忙，到第四天他就停止了。于是，完美主义者觉得：“没能坚持……我成三天打鱼两天晒网了。”从而失落气馁，容易很快放弃。

这不是很可惜吗？因为，不管是谁，都不可能一天也不休息地坚持做一件事。突然有急事、生病了等等，谁都难免会遇到。

这时候重要的是，就算只坚持了三天，也要关注这坚持的三天，积极对待。要这么想：“我坚持了三天。那么，就算才坚持三天，只要再重复10次、20次、100次就行了。”不要觉得“明明坚持到了昨天，今天没能坚持”就是不行，就灰心丧气。哪怕是断断续续也好，坚持才是关键。

对于懈怠过后的重新开始，“Best Effort”是一种有效的想法。

所谓Best Effort，意思是“尽自己最大的努力”。即使暂时当过一回逃兵，但在今天这一天，做了终归要比不做更好。

不要在意偷懒没背英语单词这件已经过去的事，只要从今天起重新开始就好。**我们可以自由把握的，只有“此时此刻”，所以，做出对“此刻”的自己来说最好的选择就行。**通过“此时此刻”做的事，就能相应地改善自己的人生。这样的现实性判断，支撑着坚持的力量。

接下来再谈谈“干劲”。

我几乎每天早上都跑10公里，然而坚持下来并非因为有干劲。早上起床的时候，我经常觉得：“今天感觉没什么干劲啊，今天就别跑了吧。”即便如此，我之所以还是坚持了下来，是因为跑步已经形成习惯了。

形成习惯后，即使没有干劲，也会因为跑惯了而自动地跑起来。已经变成“一天不跑就浑身难受”的状态了。

不过，就算还没形成习惯，只要你想到“有干劲自然好，没有也不要紧”，就能坚持下去。其实，“因为没干劲所以我做不到”的想法，只是为自己不肯坚持而找借口罢了。

无论有没有干劲，总之坚持下去，这种顽强的态度反倒更符合毅力的性质。谁都不可能每天干劲满满地坚持十年二十年，那样迟早会累死。反倒是淡定地做该做的事，才能走得更远。

● 为了坚持，需要设定“自己的标准”，奖励自己

来自匈牙利的心理学家米哈里·契克森米哈因关于幸福的研究而闻名。

契克森米哈发现，在第二次世界大战后的乱世之中，无论社会和经济状况如何恶劣，有人也能开朗积极地活着。他感到疑问：“为什么在如此困苦的情况下，还能感到幸福呢？”

有一次，他看见他的一位贫穷的画家朋友，明明一幅画也没卖出去，却天天沉迷于作画。这使他意识到：对这位朋友来说，作画本身就是最大的愉悦，所以他才能坚持，并且感受得到幸福。

人感到幸福与否，和所处的环境无关，和他人的评价也无关。换言之，**只要你能够感受到行为本身的乐趣，不管周围是怎样的状况，都能过得幸福。**因为行为本身是快乐的，所以能够坚持。

相反，很多在意他人评价的人，一旦得不到社会的评价，就

无法感到行为的意义而中途放弃。

比如，如果把考上大学这个“社会公认的成功标准”当作目标，那么在考上大学的那一刻，目标就消失终结了。那下次可能就会想：再改变目标，朝着就业面试、朝着TOEIC、朝着资格证书等去努力不就可以了吗?

不过，还有另外一条路，即不以“考试”这种社会给予的评价作为目标。正如契克森米哈发现的那样，任何时候都能在自己内心设定快乐标准的人，是幸福的。

要想在自己内心设定快乐的标准，就不能把“通过考试”等他人的标准当作目标，而要重视自己的标准，不断用小小的报酬奖励自己即可。

比如，假设你的目标是讲好英语。这个目标和“TOEIC考满分”的目标不同，这个目标是“做到以前做不到的事”。

去国外旅游，第一次用英语和别人进行交流时，或是听到以前不知道的英语表达法时，你一定会感到非常开心吧。遇到“第一次”和“不知道的事”能满足求知欲，相当于是对自己的奖励。

相反，在考场上第一次遇到不懂的单词时，肯定会为自己的无知而感到不安：“明明学得那么刻苦，还是出现了不懂的单词。怎么办啊？”

和考试不同，如果自己内心有快乐的标准，那么就算考试分数低，也能获得发现不懂之事的快乐。无论怎么努力地学习英语，和母语者比起来，仍然会经常碰到不懂的单词和表达法。正因如此，我们才说学海无涯，快乐无限。

话虽如此，想必也有很多人认为：“不被别人认可，怎么坚持得下去？”

确实，在以前，“获得社会认可”是指出版书籍、研究被认可、得奖等，是极少数人才能得到的。

然而现在不同了。拜互联网所赐，比方说把自己创作的歌曲上传到YouTube上，就有可能获得100人左右的粉丝。职业生涯就是这样起步。铁杆粉丝是肯定会来听音乐会的吧。如果歌曲和演奏水平高，口碑便会一传十、十传百。即便不指望大红大紫，只要能和铁杆粉丝建立起切实的联系，音乐活动就能长期坚持下去。

如今这个时代，就算没有大企业和赞助商的认可，只要善于运用网络等工具，让自己的作品面世，就会有粉丝关注你，就能把自己的兴趣爱好当作饭碗。

3 专注力的锻炼方法

据说，各领域被称为“天才”“伟人”的成功者们，其大脑的前额叶十分发达。前额叶掌管着具有创造性的思维方式、语言、行为、性格等具有人的特质的机能。

据说，前额叶发达的人，其专注力比普通人高出很多。实际上，有数据显示，“地头力”和与专注力有关的前额叶神经回路的活动息息相关。换句话说，专注之时使用的前额叶神经回路越强的人，“地头力”越强。说得更简单点，专注力越高的人，“地头力”越强。

什么样的人是专注力高、前额叶发达的人呢？在我实际遇到并与之交流过的人当中，让我感觉特别符合的，是动画电影导演宫崎骏先生和将棋棋士羽生善治先生。

据说，宫崎骏导演为了完成一部电影，从用图像板丰富自己的构想，到借助分镜头把故事变成剧本，这一切都在他一个人的头脑中策划。他还亲自动手修改动画师创作的原画和动画。为此，他从早到晚不离工作台，手里总是握着铅笔。

羽生善治先生考到了汽车驾照，但他说自己从不开车。因为，有一次他开着车时突然想到将棋的事情，脑海里便浮现出棋盘来，导致看不见周围了。头脑被将棋占满了，甚至无法开车。

由此可见，这两位都是拥有超强专注力的人，是公认的天才。

那么，高度专注力是天才独有的特权吗?

并非如此。

我们知道，专注力和肌肉训练一样，越用则越能得到锻炼。

那么，接下来谈谈关于锻炼“超地头力”的第三点——专注力的锻炼方法。

● 利用“《仙鹤报恩》学习法”提高专注力

你听过《仙鹤报恩》这个童话故事吗？这个故事很有名，想必大家都听过吧。

一个寒冷的冬天，老爷爷出门到市镇去卖柴回来的路上，发现一只仙鹤被困在陷阱里，就救它出来。当晚，仙鹤变成一个姑娘的模样，为老爷爷纺织漂亮的布匹。

当时，姑娘恳请老爷爷："在我织完布匹之前，请千万不要偷看。"

其实，我上初中的时候，每次期末考试前采用的学习法，就是从这个《仙鹤报恩》的故事里得到了灵感，所以取名为"《仙鹤报恩》学习法"。

仙鹤为了报恩而拔下自己的羽毛织布的样子，绝对不能被别人看到。我学习时的样子也是，绝对不能被别人看到。确切地说，是不好意思让别人看到。正如仙鹤全身心地织出了漂亮的布匹，我也全身心地专注于学习。

一边用眼睛看，一边用手写，一边大声朗读……发动全身去记忆。调动全身肢体动作、发出声音的样子，实在不好意思让别人看到。

不过，当时我是如此专注于学习，眼里只看得见面前的课本，听不见任何杂音。正像是那只织布的仙鹤。在那种专注的状态下，已无暇顾及别人的眼光。

我能够发挥出如此强大的专注力，并非只是因为调动了全身去学习，还要加入“速度”“分量”“投入感”这三个不可或缺的要素。

●“《仙鹤报恩》学习法”的诀窍

其1“速度”

首先说说“速度”吧。

“时间压力”是一种把速度意识带入学习的有效方法。所谓时间压力，就是给自己的学习工作设定时限。

我上小学的时候，有的课上，全班同学一齐开始做老师出的计算题，谁先做出来就拿到老师跟前去。我像玩游戏一样享受这堂课，为了第一个拿给老师看而拼命地做题。

这时，大脑因想比任何人更快地解答问题而承受负荷。然后，如果能第一个拿给老师看，那就成了一次小小的成功体验，促进大脑释放出多巴胺，下次就想做得更快。

后来，我升上初中，独自学习时也采取了“时间压力”的方法。比如，做数学题也好，做语文的阅读理解题也好，我都用秒表计时，在尽可能短的时间内完成。下次做的时候，争取比第一次再快三分钟，如果做到了，第三次就争取再快三分钟，像这样一点点地缩短时限。

就像运动员训练一样，一点点提高界限。请不断地重复这一过程。

不擅长学习的孩子大多有这样一个特征：对于不会做的题目，还在漫不经心地想老半天。遇到不会做的题目，或者暂时放下，跳到下一题去。这时，如果以加快速度为目的就本末倒置了。速度虽然也很重要，但更重要的是——在解答一个问题时要用非常专注的状态进行思考。

一点点地、踏踏实实地提高速度吧。

速度和运动一样，不是一朝一夕能达到的。关键是要每天一点点地提高速度，使其形成习惯。

不过，不能是被别人强制要求做的。难得孩子主动想学习，却被父母吼“你快去学习！”，于是一下子失去干劲。这样的例子屡见不鲜。

所以，自己决定时限、自己不断提高速度临界值才是关键。因为，干劲不是在他人强迫下产生的，而是当自己决定要做时才能发挥出来的。

● “《仙鹤报恩》学习法”的诀窍

其2“分量”

“《仙鹤报恩》学习法”的诀窍之二，就是“分量”。

通过大量增加学习量，使专注力得以持续。**一直进行某项工作的状态，对专注力的持续很有效果。**

不过，并不是说学习时间越长就越好。

重点不是“时长”，而是“量”。

当然，为了完成某个程度的学习量，确实需要用到相应的时长，但更为重要的是——学习量。

只有不擅长学习的孩子，才倾向于把“花了多长时间学习”当作“学习”的标准。长时间学习后，他就认为“今天已经认真学习了！”

如果说学习时间越长越好的话，那么，只是坐在桌前发呆，或者想着与学习无关的事情，或者把老师的板书抄到笔记本上的时候，或者在家里开着音乐或电视心不在焉地学习……这些都能提高成绩了？

显然，这样是培养不了专注力的。**想要提高成绩，比起学习时间，更重要的是专心地完成学习量。**

● “《仙鹤报恩》学习法”的诀窍

其3“投入感”

“《仙鹤报恩》学习法”的诀窍之三，是“投入感”。

投入感，是指感受不到时间的流逝，听不到周围的杂音，近乎忘我地专注的状态。而且，专注的同时却感到放松和愉快。这时可以发挥出最大的效能。

这种时刻，回想起来就感觉到一种充实感，觉得“时间一下子就过去了”“学到了很多东西”“感觉真愉快”“真开心”……

我在第1章也说过，这种注意力高度集中而放松的状态，叫做“心流状态”。

有很多运动选手在比赛中都体验过心流状态。比如棒球选手说“球在空中似乎静止了”；足球选手说“看见该传球的方向闪现出一道光”……这就表示他们当时正处于心流状态。

心流状态，绝非“特别的人才会遇到的特别体验”。

每个人都会经历过一两次。

请回忆一下小时候——当你沉迷于游戏中，以至于没有留意到太阳已经落山……你难道没有过这种经历吗？这也是心流状态。

进入心流状态时，此刻正在进行的任务和自我之间没有隔阂，二者合二为一，完全沉浸其中。

那么，怎么做才能进入心流状态呢？

如何进入“心流状态”

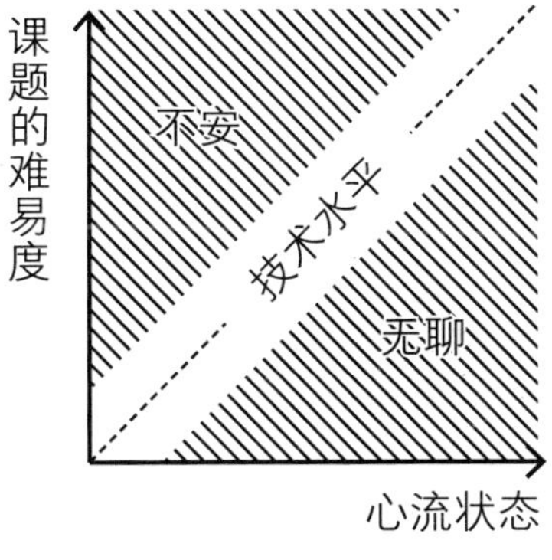

如果技术水平与课题难易度相匹配，大脑就会变得认真起来，很容易进入心流状态

提出“心流”这一概念的米哈里·契克森米哈表示：**“技术水平与课题难易度相匹配”是进入心流状态的重点。**

如果课题对目前的自己来说太难，就会知难而退，马上失掉积极性，放弃解决课题；相反，如果课题太简单，又会马上失去兴致，进入不了心流状态。

要进入心流状态，只需要把课题的难易度设定成“稍微努力就能做到”的程度。这样一来，大脑会变得认真起来，把时间抛诸脑后，开始解决课题。

解决课题后，就能获得成功体验。经历过成功体验后，大脑会释放奖励性物质即多巴胺，于是变得想要重复刚才的行为。而且，挑战比之前解决的课题稍微难一点的课题，将使大脑释放出更多的多巴胺。

即使最终的目标非常高，但只要一点点地提高眼前课题的难易度，就能在进入心流状态的同时，开开心心地完成最终目标。

● “一想到就立刻行动”能锻炼专注神经

在学习和工作上发挥专注力，重点是要把自己与任务之间变成零距离，沉浸其中。

变成零距离，是指在开始学习时先清除掉会妨碍学习的东西，以便于一想到就能立刻行动起来。

不过，事实上，有很多人在想到后并不能马上付诸行动。

“不马上开始复习就赶不上考试”时，有人会这么想：“先把房间打扫干净，整理好学习环境再说。”这样就拖延了学习准备阶段。

离考试还有一段时期——比如一年后要参加高考时，有人会这么想：“先给这一年的学习制定个计划吧。”非得制定出完美的计划才能安心学习，或者热衷于制定计划、满足于制定计划的行为本身，而迟迟不肯开始学习。

“明知道再不学习就晚了，但因为不懂的问题太多，提不起干劲。太麻烦了。也许自己本来就不是学习的料。”

这样想着而把学习往后拖延，是因为有心理上的障碍。

因为对于学习有厌恶感和恐惧心理，所以无法马上着手。

首先，应该尽量不去考虑消极要素。说得确切些，是连考虑的余地都不留给自己——用这种速度，一想到的时候就立刻开始学习。而一旦开始学习，就瞬间专注。

美其名曰**“瞬间专注法”**。

我每天都很忙，博客、推特和写稿、邮件和杂志论文、查看新闻等，能留给自己单独做事的时间只有早上。所以我每天早上起床的瞬间就开始工作。首先启动放在床头的电脑，查看推特热词。之后，走到附近的便利店，清醒头脑。

回家后，写写博客，写完则写邮件、检查论文。边吃早餐边看报纸。之后，出门前的时间用于写书或杂志的原稿、解析数据等。

其实，仔细一想，在时间比现在更为充沛的孩提时代，我也是一想到要做什么事就瞬间转换成最高挡，投入学习的世界里。

我这样写，可能有人会说：“怎么能这么快就投入到学习中去呀？”确实，就算是跑步，刚开始也不容易跑起来。

以我为例，起床后马上查看推特，去附近散步相当于是不错的助跑。之后，通过写博客或推特完成大脑的热身，就投入到工作的正题中去。这就是我的例行程序。

想要将瞬间专注法变成自己的东西，不妨把自身放进例行程

序中去。

另外，不要每天收拾桌面，而要时常“配备能够让自己瞬间专注的设施”——比如把没做完的习题集或参考书就那样搁在桌面上。这也是使瞬间专注法形成习惯所必需的。

一旦例行程序在自我当中形成习惯，大脑也会形成瞬间专注的神经回路，所以就算觉得“今天提不起干劲，怕麻烦”，身体也会自然而然地行动起来。

● 碎片时间利用法

瞬间专注法形成习惯后，再试试利用两三分钟的碎片时间学习吧。

在现代社会，由于网络和智能手机的普及，许多人收发信息十分快速，回邮件也希望越快越好。结果，平时的生活时间也变成碎片化了。

比如，在图书馆学习时，可能会出现手机铃响、收到邮件或信息的情况。在难以保证大块时间的情况下，如果不能巧妙地利用碎片时间，就无法学习。

碎片时间——顾名思义就是两三分钟的短时间，所以才需要做到瞬间进入专注状态。为此，首先要运用瞬间专注法去适应，建立不需要助跑或热身的大脑回路。然后，即便是一段不完整的时间，只要决定开始做，就能马上专注起来。

有人有个坏习惯——觉得没有大块时间就无法专注，喜欢在完整的时间点开始，比如现在是19:55的话就准备从20:00开始。

有这样的想法，是不能做到瞬间专注的。应该在想到时就瞬间进入学习模式。

有的学习内容不适合利用碎片时间，例如那些仅阅读文章就要花五分钟以上的语文阅读题之类。也有的学习内容适合利用碎片时间——我的建议是学外语。

对于背英语单词，利用碎片时间比用大块时间更有效率。比如，等电车的时候、在电梯里、在厕所里、在浴缸里泡澡的时候……一次记不住的，只要利用每次的碎片时间反复记忆，就能提高牢记在脑海里的概率。

我的英语学习法，是在单词背到一定程度后，就坚持阅读原版书。如今也是这样，比如在自家厕所里放一本英文书，而且不一定非要接着上次读到的地方开始读，而是随意打开就看两三行。因为是短时间，所以我注重有意识地迅速翻开书页。

除了学外语，适合利用碎片时间的就是“想点子”。与其对着桌子发愁说“那个怎么样？这个怎么样？”，不如像散散心似的离开座位去拿个什么东西，或去上厕所，或去取复印件……走着走着，有时就会突然冒出一些好点子。

没有大块时间就无法专注——这只是想当然而已。

即使是一两分钟的短时间，积累起来也能产生相当大的成果。

● 故意在杂音环境中学习更能提高专注力

据说，比起在安静环境中学习，在有杂音的环境中学习更能锻炼专注力。

家人聚集的客厅、人们聊天说话的家庭餐厅或咖啡馆、播放着音乐的房间、听得见附近施工现场传来作业声音的地方等等。

为什么呢？因为这会给大脑施加负担。

和安静的地方比起来，在有杂音的吵闹的地方更难以专注。这时，努力做到专注将使大脑承受负荷。承受负荷的状态持续的话，逐渐地，大脑在吵闹的环境中也能变得专注了。这样一来，之后在任何环境下都能变得专注。

不过必须注意的是，虽说在杂音环境中学习能锻炼专注力，但不代表在有很多诱惑的场所也具有同样效果。

旁边摆放着游戏机或电视机而且伸手可及；旁边有床随时可以睡上一觉……在有很多这种诱惑的环境中学习的话，人难以抵抗诱惑，马上就会败下阵来。这样就培养不了专注力。

听着音乐，听着别人说话，听着附近的噪声……这样的杂音会给大脑施加负担，培养专注力，而在诱惑很多的场所学习则是效率低下的。

只要你注意这一点，杂音肯定就会变成提升专注力的强大助力。

4 记忆力的锻炼方法

作为“超地头力”的指标之一，我曾列出“不囿于现有知识、独立思考的能力”。

这就是“能够逻辑清晰地思考”的能力。

比如，遇到智力竞赛的问题时，有人通过推理解答出仅靠知识解决不了的问题。这样的人，可以根据逻辑类推导出答案。这种类型的人就是具有“地头力”的人。

推理是逻辑思考行为，与直觉和灵感不同。另外，仅靠丰富的知识和经验也无法推理。

有一个被称为“费米推论”的问题。

它的命名来自意大利物理学家恩利克 · 费米，指的是将一个实际调查起来可能非常困难、无从着手的量，以若干线索为基础进行逻辑推论，在短时间内估算出来。

例如，推论出“美国芝加哥有多少钢琴调音师？”这种难以计算的量的问题。据说，这是费米实际给芝加哥大学的学生出过的问题。

无论知识多么丰富的人，也不可能知道芝加哥钢琴调音师的人数吧？把这个几乎没人知道答案的问题，通过假定芝加哥人口和有钢琴的家庭的比例等方法推论出答案，这就是费米推论。

费米推论只是一个例子。像这样能用推理能力解答出仅凭知识解决不了的问题，就是具有“地头力”的人。

你可能会急着下结论说：“这么说来，岂不是不需要知识了吗？”我可没这么说。具有“地头力”的人，是可以积累记忆力、知识和经验，将其发挥于逻辑推理的人。

也就是说，为了锻炼“地头力”，前提是首先必须增加知识量。而增加知识量则需要记忆力。

锻炼“超地头力”的第四点，是记忆力的锻炼方法。

另外，记忆力也是如今应付考试所不可欠缺的能力。

● 调动五感进行记忆

请容我自夸一句，我一直都属于记忆力好的人。

我的意思不是说我天资聪颖、有一个记忆力超群的大脑。而是说，我在了解大脑的记忆机制之前，就在用发挥大脑特性的记忆法背东西了。

这个方法就是，调动视觉、听觉、味觉、嗅觉、触觉这五感进行记忆。

以背英语的情况为例。不只是默读英语单词和文章，而是用耳朵听、用眼睛看、读出声来、用手写。像这样调动五感进行记忆，记忆就容易巩固下来。

那么，为什么调动五感就能使记忆容易巩固呢？

只要解释清楚大脑记忆信息时的机制，就能明白这个道理。

记忆，存储于位于大脑皮层的颞叶联合区。颞叶联合区是整合视觉、听觉、味觉、嗅觉、触觉这五感，以及自己行为的动机和精神状态等多种机能——所谓情态（按机能划分的神经回路活动模式）。

颞叶联合区有个特征是，调动多种情态更容易使记忆固化。所以，通过综合使用包括五感在内的各种情态进行记忆，可以使记忆更牢固。

另外，记忆分为长时间记住的“长期记忆”和暂时性记住的“短期记忆”。“长期记忆”存储于颞叶联合区，“短期记忆”存储于海马体。为了记住所学的东西，需要借助海马体的功能将短期记忆固化为颞叶联合区里的长期记忆。

这时，调动多种情态后，海马体被激活，记忆变得更牢固。然后，存储于海马体的记忆当中被无数次反复复述的那部分，将被判断为“重要记忆”，从而被送往颞叶联合区，作为长期记忆巩固下来。

利用这种记忆机制变成长期记忆，关键是通过一种记忆方法来调动五感。

这种记忆方法是：首先将文本置于笔记本旁边，然后把文字抄写到笔记本上。这时的重点是，抄写的时候暂且遮住文本，边回想里面的句子边写。通过把视线从文本上移开，暂时记在脑中。这样，“这是重要内容，所以要记住”的信号就会被送往大脑。再多次重复这一过程，就会在脑中固化为长期记忆。

相反，如果边看文本边抄的话，由于跳过了“暂时记在脑中”这道工序，记忆将不会固化。在我的高中时代，曾经有个同学哀叹道：“我花了这么多时间把世界史课本上的内容全部抄到笔记本上了，但却完全没记住。”他之所以没记住，是因为没有暂时记忆这道工序，因此没能将短期记忆固化为长期记忆。

相反，调动五感进行记忆的方法，是一种固化率相当高的记忆术。

不过，调动五感进行记忆的工序，会给大脑施加很大负荷。

这不是一项轻松的工作，但通过不断反复，确实可以大幅提高记忆的固化率。

大脑的黄金时间是什么时候?

一天当中，适合记东西的时段正是早晨。

尤其是醒来后的三小时，被称为大脑最具工作效率的“黄金时间”。

我们通过白天的活动，用眼睛和耳朵获取各种信息。这些信息被集中到大脑边缘系统的组成部分——海马体中，作为短期记忆被暂时保存。之后将被送往大脑皮层的颞叶联合区，但在这一阶段，记忆只是被暂时保存而已。

而通过摄取睡眠，未整理的记忆得到整理，变成长期记忆，记忆将被固化。于是，早晨的大脑中，应该收纳为长期记忆的部分和应该收纳为短期记忆的部分被区分开来，变成记忆被整理好的状态。

因此，**早晨的大脑已经是清空的状态，是适合收纳新记忆的状态**。早晨，不只适合记忆，也适合需要发挥创造力的工作。从脑科学的角度来说，我们也已经知道，大脑若处于存储着多种信息的状态，则会阻碍纯粹的思考。

相反，考试前夜想着熬夜背世界史等需要记忆的科目，即所谓临时抱佛脚，从脑科学方面来说是不可取的。正如前文所述，事实上，要想最大限度地利用大脑的话，早晨比夜晚更有效果。

之所以晚上不适合记忆东西或需要创造力的工作，是因为正如早晨学习对大脑有好处的道理一样，到了晚上，大脑里充满了白天未经整理的记忆，无法高效工作。

但也有人心想："早上起不来呀……要在上学或上班前学习，太难了。"

其实，把晚上学习转变为早上学习并非难事。因为，人类本来就不是夜猫子。文明社会以前的人们，都是日出而作、日落而息，所以这不是理所当然的吗?

早起的诀窍，就是效仿文明社会以前的人类的做法。也就是说，想要在早上神清气爽地醒来，就需要照到太阳光。这是有脑科学方面的依据的。

早晨，照到太阳光后，光线进入视网膜，视觉神经受到刺激。这一刺激传达到脑内的下丘脑。由此，促进大脑觉醒的神经递质——5-羟色胺被释放，调整“昼醒夜困”的昼夜节律。

这一昼夜节律的根本——生物钟就位于下丘脑。是这个部分构建了睡眠节律。

想要早起，早上醒来后就要马上照到太阳光才行。雨天或阴天，则打开房间照明也可替代太阳光。如果是早上照不进阳光的房间，则不妨随便找个理由出门走走，比如去便利店。

大脑对于环境的变化非常敏感。早晨，如果是在昏暗的房间中醒来，大脑会判断为:“接着休息也无妨。”相反，一旦去到外面，大脑则会判断为:“已经是早上，不能再睡了。”于是自然就能早起了。

● 趁着大脑反应鲜度高的时候去查询

读书时，与人交谈时，课堂上，会议中……无论哪种情况，假设你遇到了不认识的词语或名人、历史上的人物等。

这时，你经常会丢在一旁，觉得:“虽然不知道什么意思，但过后再查就行。”不久后，却忘记要查了。这样的例子一定不少吧。

这种习惯很不好。趁着“不明白”“不知道”等大脑反应鲜度高的时候，及时给出回答很重要。这样的话，大脑会迅速地记住这件事。

以前，人们遇到不懂的事情就会查辞典或百科全书，但这些工具书不在手边的时候，就不得不推迟。一旦推迟，热情就会减退，甚至忘记了要去查询。于是白白浪费了获取知识的难得机会。

然而，如今的时代，许多人都随身携带着智能手机、平板电脑等和电脑功能几乎没什么两样的便携式终端。遇到不懂的事情，就可以趁着大脑反应鲜度高的时候，利用谷歌等搜索引擎查询。

像我的话，与人交谈时或在会议上遇到不懂的单词后，就会利用上厕所或其他时机立刻查询。

对于生于数码时代的年轻人来说，这或许是理所当然之事——手边放着如此方便的工具，没理由不用来学习。

记住的东西该如何运用?

过去，对人们来说，聪明指的是记忆力和知识量。但是，随着网络的出现，世界上大部分知识可以立刻检索到。

总而言之，在现在的时代，利用记忆术时有一种重要的观点：

“把记忆本身视为目的是毫无意义的。”

如今，只要利用网络检索，就能了解大多数知识。过去我拼命记忆的知识也是如此，只要看看“维基百科”等，句子的意思自不必说，就连句子的结构和用例、学术解说都能知道得一清二楚。

那么为什么仍有必要记忆东西呢？

其一，如前所述，因为可以把储存在自己脑中的记忆力和知识、经验，发挥到对事物的逻辑推理上去。不囿于现有知识、独立思考的能力，相当于逻辑清晰地进行思考的能力。可以说，这是今后的时代所必需的能力。

其二，为了把记住的知识不仅用于考试，而且要灵活运用，就需要记忆知识。比方说，以交流为目的而学习英语时，就有必要把记英语作为前提。当然，仅仅这么做是不够的。

重要的是，如何运用掌握的知识。这里所指的，就是能否把记住的知识用作和外国人交流的工具。换言之，为了灵活地使用英语，关键是要行动，比如实际跟外国人进行交流和对话等等。

5　思考力的锻炼方法

在今后这个AI崛起的时代，如果不具备思考的灵活性和逻辑思考能力、独立思考能力，恐怕很难成为社会的有用之才。

一直以来，优秀的人才是指记忆力超群、知识渊博的人，但仅凭记忆力和知识量，是比不过互联网的。结果，判断力取代知识成为考查对象。可是，连这也即将被AI取代。

AI擅长的是基于大数据进行学习，找出适当的答案。因此，在现有的领域中，那些存储着大量过去的事例或信息的领域，人是不可能比得过AI的。

另一方面，AI也有不擅长的领域。比如开拓出成长可期的全新领域，把迄今为止谁也没做过的创意变成现实等等。这些领域才是人类思考力的用武之地。

这里需要的能力，**是能够开拓出没有竞争对手的全新市场（蓝海，Blue Ocean）的思考力。**

在过去的教育体系中，按别人制定的规则作出正确回答的人被视为优秀。但这正是AI所擅长的。今后需要的，不是按现有规则取得成绩的人，而是可以自己建立规则的人。

在本书中已经反复强调过，培养这种能力的“探究式学习”正受到广泛关注。

探究式学习，不是像过去那样仅仅单方面地获取知识，而是对于自己设定的课题，去进行假设、收集信息、积极地探索课题解决方案。

作为探究式学习（即锻炼“地头力”的教育）需要的能力，本章已经列举了“探究心”“坚持力”“专注力”“记忆力”。接下来将传授第五项——掌握“思考力”的方法。

● 故意“不告诉你答案”

介绍最近发生在某大学的一件事例吧。

某天的研讨会上，教授问了学生们一个轻易得不出答案、需要好好动动脑筋的问题。

然而，学生们却不肯动脑筋，像孩子似的异口同声地说道：“老师，请给提示！”“答案是什么？”“请告诉我们吧！”

现在的孩子，并不喜欢独立思考，而是倾向于马上获得答案，想要弄清是非黑白。这也是因为他们完全习惯了网络的便利，觉得“谷歌一下，答案马上出来，所以没必要思考”。

日本的教育也存在问题。欧美国家从小就让孩子独立思考。幼儿园的小朋友们每天都会被问：“今天想做什么呢？”他们必须自己决定当天的任务。相反，在日本的幼儿园，所有小孩每天都做同样的事。

在家里也一样。由于大人动不动就指示孩子该做哪些事，如“你快去学习！”“你快收拾好！”等等，因此便打消了孩子自己原有的主见。

另外，孩子由于求知欲，遇到自己不懂的事情会来问父母或大人，比如“天空为什么是蓝色的？”“为什么非得学习？”等等。这时，大人也不见得能立刻回答出来。如果自己也不知道答案，或者因为太忙而没耐心回答，可能就会斥责说：“这种无聊小事有什么好问的？”也有的家长觉得：“不能对孩子的问题置若罔闻！”于是就把自己查到的答案直接告诉孩子，或把自己的观点说得好像绝对正确一样。

给孩子指示该做哪些事，把孩子的问题撇在一旁，或直接告诉他答案……这样的态度会永久剥夺孩子自己探寻答案的机会。

这种时候，应该怎么做呢？

大人没必要直接告诉答案。为了不冷落、也不妨碍孩子的好奇心，要采取“提问”方式。

人一旦被提问，就会试图思考答案。被命令“你快去○○！”时，人不会思考；而被问“你觉得怎么做才好？”时，就会思考“我要怎么做呢？”

如果孩子仍然找不到答案的话，也可以给他一点提示。换言之，要始终做一名支持孩子求知欲的指导员。比如，教他上网查询的方法，或介绍他认识相关方面的行家。

最终需要孩子自身领会到“应该独立思考”。然后，大人可以做的，只是支持他的求知欲，让孩子能够独立思考、作答、行动，并由此继续学习。

● 阅读是锻炼大脑最高级功能的工具

阅读，是提高思考力的理想工具。

阅读时的大脑，发挥着最高级的功能，即通过语言了解世界、整理思维。也就是说，可以通过语言培养想象力，借助语言唤起视觉、听觉、嗅觉、味觉、触觉这五感的记忆，将思绪放飞到遥远的世界，因此对锻炼抽象性思维能力非常有好处。

抽象性思维，是指用概括的、广泛的观点看待事物。说得更容易理解一点，就是这样考虑："重要的不是〇〇（琐碎问题），而是△△（更重要的事情）。"

抽象性思维的好处如下所述。

通过思考对立事件中共有的、本来的目的，可以想出解决问题的方案

比如，在"日元贬值好还是升值好"这样意见对立的时候，思考"本来的目的"是什么。最重要的，难道不是我们能够安心过好每一天吗？这样，就可以得出"构筑不受汇兑影响的生活"这一解决方案。

通过了解本来的目的，明确"为什么要做这件事"，形成动机

假设有人的梦想是"将来想当工程师"。想想"当上工程师

后，可以干什么？”，答案可能是“可以从事自己真正想做的工作”；进一步想想“可以从事自己真正想做的工作后，又可以做什么？”，答案是“可以每天怀着充实的心情工作”；再进一步想想“可以每天怀着充实的心情工作后，又可以干什么？”，答案就变成了“每天过得很开心、很幸福”。

像这样思考，就能知道，在“想当工程师”这种心情的背后，存在着“每天怀着开心、幸福的心情工作”这一“本来的目的”。于是，“自己为什么想当工程师”的动机变得明确，就能调动起平时的学习热情。

能够弄清本来目的和手段的区别，有更多实现目的的选择

以考资格证书为例。资格证书是来自第三方的证明，证明“这个人的能力是这种程度”。为此，许多人试图获取“来自第三方的信赖的证明”，从而努力学习。但是，既然本来的目的是“来自他人的信赖”，那么可以想到，除了资格证书以外，“努力专注于眼前的学习，得到父母和老师的信赖”也是一种选择。换言之，一旦明白本来的目的，就能得到有别于原来手段的全新选择。

● 阅读的神经回路一旦被强化，就能锻炼“地头力”

喜欢读书的人应该都体会过，阅读时沉浸到书的世界里去那种兴奋、激动、感动的感觉吧?

从脑科学的观点来说，阅读时觉得感动、有趣之后，如果重复阅读体验，进一步加深那份感动和兴趣的话，和读书有关的神经回路就会得到强化。如前所述，这就叫“强化学习”。这是大脑学习的基本方式，这种神经回路越用越会变强。

和读书有关的神经回路被强化后，可以培养创想力、逻辑思维能力、沟通能力、写作能力，变成具有“地头力”的人。

创想力，是指产生创意的能力。而书正是产生创意的灵感宝库。均衡阅读各种类型的书，将更多地引发创意。有人认为：“故事和小说类型的书，在现实世界完全派不上用场。”然而，正因为是虚构的，才能不被固有观念约束，用不同于他人的观点看待事物，因此有时能带来与众不同的创意。

逻辑思维能力，是指将因果关系进行整理，依次思考。或指将自己的想法简明易懂地传达给他人，使其接受。

有条理地思考自己的想法之时，在人前发表自己的想法之时，写文章之时，分析理解句子之时……在大多数情形中，这种能力都是必要的技能。

逻辑思考能力有好几种模式，其中有名的是三段论。即，因为A是B，B是C，所以A是C。其实，任何一本书里都有逻辑走向。作者是为了想向读者传达些什么才写书的。这时，如果不进行逻辑清晰的说明，恐怕就难以将自己想表达的东西传达给读者。

即便是虚构的小说，如果没有情节展开和情况说明，故事就无法推进。而这里，必然有着逻辑的走向。

阅读时，有意识地去感受整本书的流程或个别文章的展开，就能锻炼逻辑思维能力。不过，就算不是有意识地追随逻辑走向，通过反复阅读也能自然地掌握逻辑思维。

根据美国卡内基·梅隆大学公布的研究结果，**接受了集中阅读治疗的孩子，不仅提高了阅读能力，还能激活脑内神经回路，提高交流沟通能力。**确实，读小说等作品的时候，从登场人物的言行等方面推测他人心情，可以学习如何关怀别人。

夏目漱石的作品和《绿山墙的安妮》等我所喜爱的书中，有多处可窥察人的心理的精细描写。通过反复阅读这些作品，能够培养我的内心品格，包括提高交流沟通能力。

要锻炼大脑，需要“感觉性”和“运动性”这两方面的学习。

输入和输出被认为是对锻炼大脑很重要的两个方面。

输入，是例如读书、听音乐等感动内心而达到的“感觉性的学习”。输出，是将心中所想说出来或写出来的“运动性的学习”。人们认为，这两方面取得平衡的状态对锻炼大脑非常重要。

然而，大多数情况下，跟感觉性的学习相比，运动性的学习提高较慢。

比如很多人喜欢音乐，听了很多歌（感觉性的学习），有音乐鉴赏能力，但如果真要他演奏（运动性的学习），就很难做到了。在音乐方面，这很常见。

但是，语言是平时生活中说话写字经常会用到的，可以说是在所有学习当中最容易取得运动性和感觉性的平衡的。说话能力也好，书写能力也好，在生活中都非常有用。

能够锻炼说话能力和书写能力的，还是阅读。通过阅读，词汇水平飞跃性地提升，语言的措辞和表达方式等也得到积累。这样一来，不管在说话还是写文章的时候，表现力都会提高。

另外，通过阅读可以提高逻辑思维能力。正如前文所述，通过写文章使能力得到进一步的提升。书写与说话不同，若是漫不经心地从头写到尾，将很难阅读。因此，如果要点分明、条理清晰地写出来，文章就会变得容易理解，更能提高逻辑思维能力。

在大学入学考试中，一定会考查说话能力和书写能力。哈佛大学、剑桥大学、斯坦福大学、牛津大学等有名大学的论文测验中，会出一些“你想被机器人养大还是被外星人养大”等异想天开的问题。对于这些问题，你必须条理分明地写出自己的意见。

而在面试中，考查的是常识和判断力。比如，面试官会问你“植物为什么不走路？”这样的问题，在被多名教授“包围”的状态下讨论两三个小时。你作出了怎样的应答，极大地关系到是否能通过面试。

然而，突然被问到这样几乎没人知道答案的问题，应该怎么办呢？应该想办法运用现有的知识应对——植物的生存战略，动物肌肉中含有的肌动蛋白和肌凝蛋白这两种蛋白质也存在于植物当中，它们起着这样的作用……只要拥有广泛领域的知识，就能想办法回答。支撑起这些广泛知识的，就是阅读。

日本的大学入学考试也正逐渐向着欧美模式转变。因此，培养说话能力和书写能力的阅读一定会变得越来越重要。

孩子们的未来，就在于没有正确答案、永无止境的开放式结局的学习之中。

后记

每个孩子身上都有很多优点。所以，我常常这样想："人，是不可以按照从'最优秀'到'最差劲'的顺序进行排列的。"

世界上不存在所谓凡人。每个人都是独一无二的，有自己的特长。一百个人就有一百个优点。"这方面他更优秀，但别的方面我更厉害。"从小培养这种感觉是非常重要的。

在书中，我反复提到了"耕耘好奇心"。找到自己喜欢的、擅长的事物，沉迷其中，进行探究……没错，其实探究就是发挥孩子的个性。

进一步说，"所有人都记忆同样的知识，然后根据谁记得多、谁记得快来决定成绩"的时代，正在发生变化。探究式学习还是一种有效的手段，可用于锻炼孩子的个性——这是他将来的“武器”。

人感兴趣的事物广泛存在，仅靠那一小部分天才是难以穷尽的。所以，只要每个人能分担着探究自己擅长的东西，全人类不就会变得越来越繁荣吗？

今后，我们将踏上旅途，耕耘各自拥有的无限资源——“个性”。如果这本书能带给你一点帮助，我就会感到非常欣慰。

执笔本书时，为我的采访提供帮助的有堀川高中谷内秀一校长先生、饭泽功老师、堀川高中的学生们、开成学园的柳泽幸雄校长、YES International School的校长竹内薰先生。通过采访，我受益良多，在此对他们深表感谢。

在本书的策划、采访、完成的过程中，PHP研究所的大岩央先生、木南勇二先生、横田纪彦先生、协助编辑的石井绫子女士为我提供了莫大的帮助，在此感谢他们。同时，也要感谢耐心地读完此书的各位读者。

茂木健一郎

2019年3月

如何写出一篇好文章

不动笔就能学会写文章的训练法

ISBN：9787515356006
著者：[日]山口拓朗
出版社：中国青年出版社
定价：49.00元

★ 写文章并不是作家的专权！

★ 生活中随时会需要写点东西，有的是长文，有的是短文，从邮件、文案到报告、调查，无所不包。

★ 这本书的神奇之处就在于，告诉我们一个写作的真谛：不动笔就能学会写文章。更重要的是，这一真谛可以通过训练来掌握。

如何写出一篇好文章？

一篇文章的好坏，九成取决于动笔之前。

即便不是作家，或文字工作者，相信每个人都有枯坐在桌前，面对空白的Word文档苦苦思索的经验。

不管是Email、广告文案还是企划书，“写不出来”“不知该如何开始”“写的东西没办法说服人”……永远都是职场菜鸟、写作小白的噩梦。

本书并非专门写给“写手”——职业作家或记者看的，而是写给普通人的写作书。本书作者在成为日本写作高手之前，文章被批评为无趣、不具说服力、没有观点……差点失去了成为职业写作者的信心。通过不断思考何谓“好看的文章”，终于将“随便写写”上升到“写之前先准备”“思考过后再写”“写时思路清晰”……下笔必成的状态。

九宫格写作法

如何写出一篇好文章

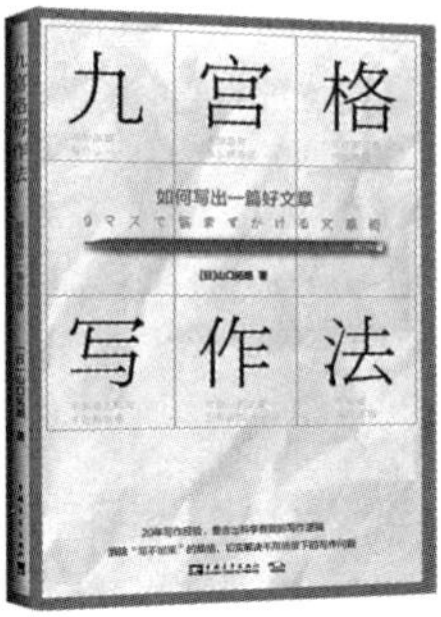

ISBN：9787515361819
著　者：〔日〕山口拓朗
出版社：中国青年出版社
定　价：45.00元

- **“写文章”不只是出于专业需要、学术需要，它已成为个人发展和日常交际必备的底层技能，大到策划案、小到外卖评价，都需要收集、整理素材，输出内容。本书提供的正是对这一技能的有效训练。**
- **本书给出了简单、易操作且经实践有效的写作方法，九宫格就像充满趣味的填字游戏，激发人们“看到空格就想填满”的本能天性，帮助人们以简单的框架梳理繁杂的信息，应对各个场景下的写作需求。**
- **作者山口拓朗是亚洲知名的商业撰稿人、畅销书作者，致力于实用类写作技能的研究和培训，聚焦生活场景中的应用文写作，并针对自媒体时代社交平台的特性分享了独到的写作方法。**

写文章是你的痛点吗?

本书以独特的“九宫格”为框架，启发读者直面自己的观点和感受，收集素材、推敲文笔、巧用模板，逻辑清晰地将已知信息有效输出。

作者用积累了20余年的写作经验整合出一套科学有效的写作逻辑，为你消除“写不出来”的烦恼，用极简的方法提升个人极为重要的底层技能。

也许你是整日与邮件打交道的白领，也许你是急需优质文案的策划人，也许你只是想好好发个朋友圈的普通人……本书就是为你量身打造的“写作秘籍”，从此轻松应对日常场景下的写作需求。

现在，填满“九宫格”，升级你的写作技能!

模板写作法

世界上最简单的写作课

亚洲知名商业撰稿人　畅销书作家

1972年生于日本鹿儿岛县，成长于神奈川县。曾在出版社担任编辑和记者，之后成为自由作家，20余年间采访超过3000人。

ISBN：9787515363394
著者：（日）山口拓朗
出版社：中国青年出版社
定价：49.00元

★ 日本写作大师山口拓朗20多年写作心法集成！

★ 写作极简速成法：将写作放到模板中，懒人也能写出好文章！

★ 勘破写作的秘密："列举型""故事型""结论优先型"三种有效且通俗流畅的写作模板，以及在三种基础模板的基础上组合得出的若干种"组合型"模板！

这是一本懒人必备的模板写作指导书。

"写点什么"是当代人无法摆脱的一大难题。

那么，写作难道没有章法可循？答案当然是"有"。

尤其对于实用文而言，写作的基本要求就是高效且清晰，对此模板便提供了有效的章法。日本著名的写作大师、畅销书作者山口拓朗基于20余年的写作经验，总结出了列举型、故事型、结论优先型三种基础的写作模板，并提供了基础之上的多种进阶组合模板，以实践有效的方法为你找到一条实现写作自由的"捷径"。